ANALYSEN UND REFLEXIONEN
Band 17

Sybille Heidenreich

Max Frisch
Homo Faber

Untersuchungen zum Roman

Joachim Beyer Verlag – 96142 Hollfeld/Ofr.

9. verbesserte Auflage 1994

ISBN 3-88805-146-0
© by Joachim Beyer Verlag, 96142 Hollfeld
Alle Rechte vorbehalten!
Druck: Druckhaus Beyer GmbH, Langgasse 25, Hollfeld

Inhaltsverzeichnis

I	Daten zur Biographie von Max Frisch	5
II	Das Anliegen Max Frischs	8
III	Homo faber	16
	1) Zur Entstehung des Romans	16
	2) Gang der Handlung	18
	3) Interpretation	24
	4) Die Personen	83
	5) Erzählform, Sprache und Stil	91
IV	Skizze zu „Homo faber" im Unterricht	99
V	Bibliographie zu „Homo faber"	102

„Was ist eine Welt? Ein zusammenfassendes Bewußtsein. Wer aber hat es? Wo immer ich frage, es fallen die Wände ringsum, die vertrauten und sicheren, sie fallen einfach aus unserem Weltbild heraus."

Max Frisch

I. Daten zur Biographie von Max Frisch

1911	15. Mai als Sohn eines Architekten in Zürich-Hottingen geboren
1924-1930	Realgymnasium in Zürich bis zur Hochschulreife
1931-1933	Studium der Germanistik an der Universität seiner Vaterstadt; Abbruch des Studiums aus finanziellen Gründen; Aufnahme einer freien Journalistentätigkeit; Reiseberichte über Ungarn, Balkanstaaten, Türkei
1936-1941	Architekturstudium an der Eidgenössischen Technischen Hochschule in Zürich bis zum Erwerb des Diploms
1938	Conrad-Ferdinand-Meyer-Preis
1939-1945	Ableistung der Militärdienstpflicht im Grenzdienst
1942	Heirat mit Constanze von Meyenburg; Gründung eines Architekturbüros in Zürich; danach für längere Zeit Doppelberuf als Architekt und Schriftsteller
1946	Aufenthalte in Deutschland, Italien und Frankreich
1948	Aufenthalte in Prag, Berlin und Warschau; Bekanntschaft mit Bertolt Brecht während dessen Aufenthalt am Genfer See
1950	Spanienreise
1951	USA-Reise, Rockefeller-Stipendium
1954	Auflösung des Architekturbüros; Ausüben des Schriftstellerberufs
1955	Wilhelm-Raabe-Preis
1956	erneute USA-Reise
1957	Arabien-Reise
1958	Veillon-Preis
1959	Scheidung von Constanze von Meyenburg
1960-1965	Wohnsitz in Rom
1962	Georg-Büchner-Preis; Großer Kunstpreis von Nordrhein-Westfalen; Dr. honoris causa der Philipps-Universität Marburg
1965	Übersiedlung in den Tessin; Schiller-Preis des Landes Baden-Württemberg; Reise nach Israel
1966	Aufenthalte in der UdSSR und in Polen
1968	erneute UdSSR-Reise

1969	Reise nach Japan
1970	erneute Reise in die USA
1986	internationale Würdigungen zum 75. Geburtstag des Dichters
1987	Verleihung der Ehrendoktorwürde von der TU Berlin
1989	Heinrich-Heine-Preisträger (Düsseldorf)
1991	Max Frisch stirbt am 4. April in Zürich

Ausgewählte bibliographische Angaben

1934	Jürg Reinhart
1937	Antwort aus der Stille
1940	Blätter aus dem Brotsack
1943	Bin oder die Reise nach Peking Santa Cruz
1946	Nun singen sie wieder J'adore ce qui me brûle oder Die Schwierigen Marion und die Marionetten
1947	Die Chinesische Mauer Tagebuch mit Marion
1949	Als der Krieg zu Ende war
1950	Tagebuch 1946 - 1949
1951	Graf Öderland
1953	Don Juan oder Die Liebe zur Geometrie Rip van Winkle Herr Biedermann und die Brandstifter
1954	Stiller
1955	Achtung: Die Schweiz
1957	Homo Faber
1958	Biedermann und die Brandstifter Die große Wut des Philipp Hotz
1959	Schinz Glossen zu Don Juan
1961	Andorra Erzählungen des Anatol Stiller
1963	Ausgewählte Prosa

1964	Mein Name sei Gantenbein
1966	Zürich - Transit
1967	Biografie: Ein Spiel
	Erinnerungen an Brecht
1968	Öffentlichkeit als Partner
1969	Dramaturgisches
1971	Wilhelm Tell für die Schule
1972	Tagebuch 1966 - 1971
1975	Montauk
1979	Triptychon
1982	Blaubart
1986	Gesammelte Werke (Band 7)
1989	Schweiz ohne Armee (Theaterpremiere unter dem Titel 'Jonas und sein Veteran')
1990	Schweiz als Heimat?

II. Das Anliegen Max Frischs

„Man hält die Feder hin, wie eine Nadel in der Erdbebenwarte, und eigentlich sind nicht wir es, die schreiben, sondern wir werden geschrieben." Dieses Bekenntnis legte Frisch in seinem „Tagebuch 1946—1949" ab, ein eindeutiges Bekenntnis darüber, daß er keine Wahl habe für seine Themen, daß sie sich vielmehr aus ihm heraus stellten und er sich ihnen nicht entziehen könne. (Tagebuch, S. 22)

Auch in seiner anläßlich der Frankfurter Dramaturgentagung im September 1964 gehaltenen Rede macht Frisch ohne Umschweife deutlich: „Ich schreibe nicht aus Bedürfnissen der Gesellschaft, sondern meiner Person". (Die Zeit, 23. Okt. 64)

Und ein andermal fragt Frisch selbst: „Inwiefern wählen wir das Thema, inwiefern sind wir, wenn wir zu wählen meinen, gesteuert und vertuschen es vor uns selbst, indem wir im nachhinein plausibel machen, warum wir das und das ‚gewählt' haben? Je wacher einmal der Verdacht, daß wir gesteuert sind, um so lebhafter wird dieses intellektuelle Bedürfnis, ... noch einmal anzufangen und in seinem Leben irgend etwas anderes zu machen, und sei's auch nur, um sich den Nachweis zu erbringen, daß wir wählen können ... Indem man ein Stück schreibt, indem man eine Spiel-Situation durchführt, scheint jede Willkür gestattet zu sein; erlaubt ist, was gelingt. Aber es gelingt nur, was ich nachvollziehen kann, was mir selbst noch glaubhaft ist. Alles andere fällt aus, indem es einfach nicht gelingt. Was mir selbst noch glaubhaft wird, so daß ich's darstellen kann — in dieser Limitierung entlarvt sich die Selbsterfahrung." (Die Zeit, 22. 12. 67)

Frisch ist damit nach eigener Aussage ein defensiver, ein reagierender Schriftsteller. Er erfindet nicht Geschichten, um die Welt zu verändern, sondern stellt die Welt dar, wie er sie erfahren hat, ohne den moralischen Anspruch zu erheben, Lösungen und Vorschläge zum Bessermachen aufzuzeigen. Im Grunde ist Frisch ein hilfloser Schrift-

steller, der vielleicht selbst am beglücktesten wäre, würde ihm ein Aufweichen seiner Problemwelt gelingen. Er schreibe, sagte Frisch einmal, um zu bestehen, nicht um zu belehren; er sei ein Schriftsteller aus Notwehr. (Neue Zürcher Zeitung, 22. 6. 75)
Welches ist nun aber die Problemwelt, vor die Frisch sich gestellt sieht, die er verdichtet, um bestehen zu können? Ein Ungenügen an sich selbst und später an der Gesellschaft bildeten nach Frischs Worten den Ausgangspunkt für das epische Werk. (NZZ, a.a.O.) Damit sind im Grunde schon die Themen umrissen und die Themenvielfalt angedeutet: alles, was den Menschen angeht, sein Versagen, seine Zweifel, seine Suche nach einem ‚wirklicheren' Leben, sein Verhältnis zur Umwelt und sein Wirken in der Gesellschaft. Bei Frischs Thema handelt es sich um den „Spielplatz der menschlichen Seele", wie er selbst im „Tagebuch 1946—1949" gestand.
Eduard Stäuble zieht folgendes Fazit: „Und damit ist das Motiv angeschlagen, das untergründig alle Werke Frischs durchläuft: die Entdeckung der von Geheimnis umbrandeten Kontinente der eigenen Seele, das Abenteuer der Wahrhaftigkeit, das Abenteuer des maskenlosen Daseins. Ein Vorstoß in die unentdeckten Kontinente der menschlichen Seele, das sind Max Frischs Werke immer und alle." (Stäuble, Max Frisch, Gesamtdarstellung seines Werkes, Seite 26)
Frischs Arbeit wird im allgemeinen die Marke „Identitätsproblem" angeheftet, fragt man nach seinem Anliegen. Interessant ist seine eigene Stellungnahme dazu: „Mein literarisches Warenzeichen, ich weiß, ist das Identitätsproblem. Daß ich mich mit diesem Warenzeichen nicht identisch fühle, kommt noch hinzu. So finden wir uns gegenseitig ab." (Die Zeit, 22. 12. 67)
Die Einengung in das Problem der Identität würde in der Tat ein Thema zurückdrängen, daß bei Frisch von eminenter Bedeutung ist: die Zweisamkeit. Dieses Miteinanderoder aber meist in einem schmerzhaften Erkenntnisprozeß als Nebeneinander entlarvte Zusammenleben — bezieht

sich nicht nur auf Mann und Frau, obwohl diese Frage Frisch gerade auch in dem hier interpretierten Roman wesentlich beschäftigt. Das Versagen in der Liebe zum Mitmenschen — gerade zu dem am nächsten stehenden — mußte Frisch offenbar gestalten, um — mit seinen Worten zu sprechen — bestehen zu können. Daß diese Annahme nicht in den luftleeren Raum gestellt ist, dürfte die jüngste Erzählung „Montauk" beweisen, die auch Frischs „Leben als Mann" zum Inhalt hat.

Liebe — allgemein-menschlich gesehen — führt unmittelbar zum nächsten Problem Frischs und schließt es zumeist ein: dem Bildnis-Thema. Die alttestamentarische Forderung „Du sollst dir kein Bildnis machen" ist eine abgewandelte Frage nach der Identität des Menschen, der sich unter diesem Bildnis verbirgt. So ist es nicht nur möglich, sich von anderen ein Bildnis zu machen, sondern auch von sich selbst, das es zu zerstören gilt, will der Mensch zu seinem „wirklichen Leben" gelangen. Dieses Bildnis von sich selbst kann einem auferlegt worden sein von der Gesellschaft, die sich ja zwangsläufig von einer in ihr lebenden Person ein Bild machen muß. Nur wenn sich dieses Bild verhärtet zu einem Bildnis mit zu engem Rahmen, in dem der Mensch keinerlei Gestaltungsmöglichkeiten mehr erfährt, wird dieses Bildnis geradezu Mord — zum Mord an dem wirklichen Sein des Partners oder Mitmenschen. Frisch kam zu der Erkenntnis, daß jedes Bild, das man sich vom anderen macht, über ihm hängt wie eine Maske, die daran hindert, mit dem anderen in wirkliche und ehrliche Kommunikation zu treten.

Ganz deutlich wird Frischs Intention bei der Warnung vor einem fertigen Bildnis im „Tagebuch 1946—1949". Dort heißt es: „Es ist bemerkenswert, daß wir gerade von dem Menschen, den wir lieben, am mindesten aussagen können, wie er sei. Wir lieben ihn einfach. Eben darin besteht ja die Liebe, das Wunderbare an der Liebe, daß sie uns in der Schwebe des Lebendigen hält, in der Bereitschaft, einem Menschen zu folgen in allen seinen möglichen Entfaltungen ... Unsere Meinung, daß wir das andere kennen, ist das Ende der Liebe, jedesmal, aber Ursache und Wirkung liegen vielleicht anders, als wir anzunehmen versucht sind — nicht weil wir das andere kennen, geht unsere Liebe zu Ende, sondern umgekehrt: weil unsere Liebe zu Ende geht, weil ihre Kraft sich erschöpft hat, darum ist der Mensch fertig für uns ... Wir künden ihm die Bereitschaft, auf weitere Verwandlungen einzugehen. Wir verweigern ihm den Anspruch alles Lebendigen, das unfaßbar bleibt, und zugleich sind wir verwundert und enttäuscht, daß unser Verhältnis nicht mehr lebendig sei." (Tagebuch, S. 31 ff.)

Bei diesem seinem zentralen Anliegen wird Frisch zum Moralisten, wird zu einem Lehrenden, der den Zeigefinger erhebt. Er ist dabei jedoch kein christlicher Autor, kein religiöser Schriftsteller, sondern ein echter Humanist. Er übertrug den ursprünglichen Sinn des Bilderverbots, der im Jahwekult liegt, auf das Göttliche im Menschen überhaupt. Im „Tagebuch 1946—1949" konkretisiert Frisch diese seine Menschen-Bestimmung mit den Worten: „Gott als das Lebendige in jedem Menschen, das, was nicht erfaßbar ist." (a.a.O., S. 37) Vom Bildnis ist es nur ein kleiner Schritt zum Vorurteil.

Das Bildnis, erst recht das Vorurteil, grenzen den Menschen in einem nicht zu vertretenden Maße ein. Zu diesem Problem kommt in den Werken von Max Frisch noch das Leiden unter der Beschränktheit des Spielraums, in den der Mensch gesetzt ist. Monika Wintsch-Spiess meint: „Alle Helden — und offensichtlich mit ihnen der Schöpfer —, leiden an der Begrenztheit der Welt, die sie am intensivsten in der ewigen leeren Wiederholung des immer gleichen erfahren. Sie begegnen ihr im Ablauf eines jeden Tages, in der großen Galeere, die Sinnbild für ein unterdrücktes gleichförmiges Dasein ist. Der ‚Fluch der Wiederholung' erstickt alles lebendige Leben und versperrt alle Weiten der Möglichkeit ... Ein Satz spielt im Werk Max Frischs eine entscheidende Rolle: „Alles wiederholt sich, nichts kehrt uns wieder.' ... Das erste Erlebnis, das den Stempel der Einmaligkeit trug, über dem der Zauber des

ersten und letzten Mals zugleich lag, ... kehrt uns nie wieder. Seine Wiederholung kann nur noch unsere Erinnerung entweihen." (Wintsch-Spiess, Zum Problem der Identität im Werk Max Frischs, S. 42 f.)
Die Angst vor der Wiederholung ist neben der Angst vor dem Bildnis das große Problem in den von Frisch geschilderten Ehen — auch wieder eine logische Konsequenz. In der Ehe ist dem sich nun einmal zwangsläufig wiederholenden Alltag nicht auszuweichen. Ob dem die Liebe widerstehen kann, scheint angesichts der vielen gescheiterten Verbindungen zwischen Mann und Frau in Frischs Werken zumindest zweifelhaft.
Das Leiden unter dem Alltag wird nach Monika Wintsch-Spiess auch der eigentliche Grund für das Identitätsproblem der Helden Max Frischs, bei dem es sich also nicht um ein ursprüngliches, sondern ein Folge-Problem handelt, das aber zu einer existenziellen Not führen kann.
„Für Max Frisch werden Hier und Jetzt zu Bleigewichten der Schwere, gegen deren niederziehende Kraft sein ganzes Werk erbittert kämpft ... Der schmerzhaft erfahrenen Umgrenztheit des Hier und Jetzt stellt er die blauen Weiten seiner Sehnsucht gegenüber. Wie die Romantiker zieht ihn seine Sehnsucht weiter über den engen Bannkreis alles Realisierten hinaus in grenzenlose Räume allseitiger Bestimmbarkeit und befeuernder Allmöglichkeit, die erst eine freie, menschenwürdige Entfaltung zu eröffnen scheinen. Die unerträgliche Spannung zwischen Realisiertem und Noch-Möglichem, wie sie sich zwischen grauem Alltag und ungebundenem, fernem Leben auftut, wiederholt sich in der Seinserfahrung des einzelnen als die ihn zerreißende Spannung zwischen fest umrissener, zwangsläufig begrenzter Identität und der Sehnsucht nach einem nicht festgelegten, umfassenden Selbst eigenen kühnen Entwurfes." (a.a.O., S. 18 f.)
Aus dieser Problematik heraus fliehen die Gestalten Max Frischs vor der Enge der Gegenwart, in der sie sich eigentlich bewähren müßten. Ihre Sehnsucht gilt beispielsweise der Jugend, in der noch alle Möglichkeiten offen

waren. Sie ist zugleich verbunden mit der Angst vor dem Alter, in dem die Grenze der Verwirklichung am deutlichsten sichtbar erscheint. Wegen dieser Flucht vor der Gegenwart haben die „Helden" Frischs — im Grunde sind es Anti-Helden — auch keine wirklich gelebte Vergangenheit, keine beglückende Erinnerung. Sie bleiben gegenwarts- und damit geschichtslos. Sie haben — und dies ist ihr Problem — ihr Leben zumindest bis zur Zeit des Erwachens aus den Irrtümern, bis zu ihrer Wandlung, nicht eigentlich gelebt.

Lebensangst — so möchte man das eigentliche Thema Max Frischs kennzeichnen. Die Furcht vor der vertanen Zeit, der Schrecken, zu sterben, ohne jemals eigentlich in der Welt gewesen zu sein, sein wirkliches Leben gefunden zu haben, läßt Frisch in seinen Arbeiten nicht los. Dabei gibt er aber keinerlei Ratschläge, was nun eigentlich das „wahre Leben" sei. Diese Frage muß jeder für sich selbst beantworten, entweder mit dem Rückhalt christlichen Glaubens, mit dem Erahnen einer wie auch gearteten Transzendenz, die den Menschen in ein sinnvolles Weltbild stellen, oder aber durch ein ganz schlichtes Sich-dem-Leben-Darbieten, seine verschiedenen Seiten Akzeptieren, auch die eigene Schwäche Annehmen — und vor allem, indem man versucht, eine Liebe ohne Bildnis zu entwickeln. Dies alles sind oft mehr versteckte Denkanstöße, eindeutige Lösungen bietet Frisch nicht an. Dies hieße ja wieder, die menschliche Existenz in eine neue Zwangsjacke stecken, in eine vom Dichter angepaßte, die vielleicht bei einem der Helden ihren Sinn hätte, ihn jedoch schon beim nächsten Individuum wieder verfehlen würde.

Bei der Entgegennahme des Literaturpreises der Stadt Zürich wählte Frisch in seiner Dankansprache ein geradezu entblößendes Bekenntnis, um seine Motivation als Künstler zu deuten. Er gehöre zu den Schriftstellern, meinte Frisch, die schrieben, um die Welt zu ertragen. „Ich schreie aus Angst, ich singe aus Angst vor meinem Alleinsein im Dschungel der Unsagbarkeiten." Marcel Reich-Ranicki zog daraus den Schluß: „Damit haben wir das entscheidende

Stichwort: Max Frisch ist ein Dichter der Angst. Im doppelten Sinne sollte dies verstanden werden. Von Angst gequält und getrieben, schreibt er Romane, Theaterstücke und Tagebücher. Und da er vor allem darüber schreibt, was ihn am meisten bedrängt, ist das Leitmotiv seiner literarischen Arbeiten, mag es auch mitunter verheimlicht werden oder verborgen bleiben, wiederum die Angst."
(Reich-Ranicki, Deutsche Literatur heute, S. 166)
Frisch kann seinem immer gleichen Thema nicht ausweichen. Gegenüber Horst Bienek gestand Frisch, es schon mit anderen Themen versucht zu haben. „Ich will doch nicht ein Leben lang dieser Max Frisch sein! Bei jeder neuen Arbeit hatte ich das naive Gefühl, daß ich jetzt, Gott sei Dank, ein radikal anderes Thema angehe — um früher oder später festzustellen, daß alles, was nicht radikal mißlingt, das radikal gleiche Thema hat." (Bienek, Werkstattgespräche, S. 27)
Zur Thematik des Schauplatzes der Seele bekannte sich Frisch ausführlich in einem „Zeit"-Interview. „Die Domäne der Literatur? Fast wage ich zu sagen: das Private. Was die Soziologie nicht erfaßt, was die Biologie nicht erfaßt: das Einzelwesen, das Ich, nicht mein Ich, aber ein Ich, die Person, die die Welt erfährt als Ich, die stirbt als Ich, die Person in allen ihren biologischen und gesellschaftlichen Bedingtheiten, also die Darstellung der Person, die in der Statistik enthalten ist, aber nicht zur Sprache kommt und im Hinblick aufs Ganze irrelevant ist — das ist es, was wenigstens mich interessiert, was mir darstellungswürdig erscheint ... — die Domäne der Literatur: alles was Menschen erleben, Geschlecht, Technik, Politik als Realität und als Utopie, aber im Gegensatz zur Wissenschaft bezogen auf das Wesen, das erlebt." (Die Zeit, 22. 12. 1967)
Max Frisch ist dem Vorwurf nicht ausgewichen, sein Werk sei nicht gegenwartsgerecht, da so ausschließlich Individuums-bezogen. Und seine Antwort darauf dürfte wohl mit ihrer schlichten Wahrheit diese Kritiker zum Schweigen bringen: „Manchmal scheint auch mir, daß jedes Buch, so

es sich nicht befaßt mit der Verhinderung des Kriegs, mit der Schaffung einer besseren Gesellschaft und so weiter, sinnlos ist, müßig, unverantwortlch, langweilig, nicht wert, daß man es liest, unstatthaft. Es ist nicht Zeit für Ich-Geschichten. Und doch vollzieht sich das menschliche Leben oder verfehlt es sich am eigenen Ich, nirgends sonst." (Mein Name sei Gantenbein)

III. Homo faber

1) Zur Entstehung des Romans

Der Roman „Homo faber" erschien 1957, nach einer zweiten Reise Max Frischs auf den amerikanischen Kontinent. Die Prosa-Dichtung wurde zweifelsfrei mitinspiriert von den Aufenthalten in den USA, Mexiko und Yukatan. „Homo faber" wurde ein noch größerer Erfolg als „Stiller". Knapp zehn Jahre nach der Veröffentlichung des Werkes ging die Auflage des Romans auf das zweihundertste Tausend zu.

Bei vielen Arbeiten Frischs findet sich die Ursituation im „Tagebuch 1946—1949". Auch bei „Homo faber" dürfte dies der Fall sein. Erich Franzen hat die Skizze folgendermaßen zusammengefaßt: „Ein Kurier, der mit einer ‚Botschaft' nach Prag reist, erinnert sich im Traum an eine frühere Geliebte, die er vor vielen Jahren, als sie ein Kind von ihm trug, aus ‚praktischen' Gründen verlassen hat. ‚Wo ist deine Botschaft?' fragt ihn das Traumbild, und wirklich kann er die Botschaft nicht mehr finden. In Prag holt ihn die Vergangenheit ein. Er begegnet einem Mädchen, das ihn auf unerklärliche Weise anzieht. Plötzlich überfällt ihn der Gedanke, die Fremde könnte sein Kind sein. Verzweifelt beginnt er, in den finsteren Gassen nach der schnell Entflohenen zu suchen. Er findet sie nicht wieder. Am nächsten Tag erscheint ihm das Ganze als ein ‚Hirngespinst, dumm und geschmacklos' — aber dann packt ihn die Angst, der Unbekannten und vielleicht Unerkannten sei ein Unglück zugestoßen. Er eilt ins Leichenschauhaus. Die Tote, die man ihm dort zeigt, hat keine Ähnlichkeit mit dem fremden Mädchen. Es ist die Leiche einer schwangeren Frau." (Beckermann, Über Max Frisch, S. 72)

Zur Problematik des Zufalls schrieb Frisch — ebenfalls im „Tagebuch 1946—1949":

„Der Zufall ganz allgemein: was uns zufällt ohne unsere Voraussicht, ohne unseren bewußten Willen. Schon der

Zufall, wie zwei Menschen sich kennenlernen, wird oft als Fügung empfunden; dabei, man weiß es, kann dieser Zufall ganz lächerlich sein: ein Mann hat seinen Hut verwechselt, geht in die Garderobe zurück und obendrein, infolge seiner kleinen Verwirrung, tritt er auch noch einer jungen Dame auf die Füße, was beiden leid tut, so leid, daß sie miteinander ins Gespräch kommen, und die Folge ist eine Ehe mit drei oder fünf Kindern. Eines Tages denkt jedes von ihnen: Was wäre aus meinem Leben geworden ohne jene Verwechslung der Hüte?

Der Fall ist vielleicht für die meisten, die sonst nichts glauben können, die einzige Art von Wunder, dem sie sich unterwerfen. Auch wer ein Tagebuch schreibt, glaubt nicht an den Zufall, der ihm die Fragen stellt, die Bilder liefert, und jeder Mensch, der im Gespräch erzählt, was ihm über den Weg gekommen ist, glaubt er im Grunde nicht, daß es in einem Zusammenhang stehe, was immer ihm begegnet? Dabei wäre es kaum nötig, daß wir, um die Macht des Zufalls zu deuten und dadurch erträglich zu machen, schon den lieben Gott bemühen; es genügte die Vorstellung, daß immer und überall, wo wir leben, alles vorhanden ist: für mich aber, wo immer ich gehe und stehe, ist es nicht das vorhandene Alles, was mein Verhalten bestimmt, sondern das Mögliche, jener Teil des Vorhandenen, den ich sehen und hören kann. An allem übrigen, und wenn es noch so vorhanden ist, leben wir vorbei. Wir haben keine Antenne dafür; jedenfalls jetzt nicht; vielleicht später. Das Verblüffende, das Erregende jeden Zufalls besteht darin, daß wir unser eigenes Gesicht erkennen; der Zufall zeigt mir, wofür ich zur Zeit ein Auge habe, und ich höre, wofür ich eine Antenne habe. Ohne dieses einfache Vertrauen, daß uns nichts erreicht, was uns nichts angeht, und daß uns nichts verwandeln kann, wenn wir uns nicht verwandelt haben, wie könnte man über die Straße gehen, ohne in den Irrsinn zu wandeln? Natürlich läßt sich denken, daß wir unser mögliches Gesicht, unser mögliches Gehör nicht immer offen haben, will sagen, daß es noch manche Zufälle gäbe, die wir übersehen und überhören, obschon sie zu uns gehören; aber wir erleben keine, die nicht zu uns gehören. Am Ende ist es immer das Fällige, was uns zufällt." (Tagebuch, S. 463 f.)

2) Gang der Handlung

„Erste Station": Mit mehrstündiger Verspätung startet der schweizerische Ingenieur Walter Faber, tätig bei der „Technischen Hilfe für Entwicklungsländer" der UNESCO, am 1. 4. 1957 von New York aus zu einer Dienstreise nach Caracas, wo er in zwei Tagen eine Turbinenmontage leiten soll. Auf dem Flughafen verabschiedet sich Faber von seiner Bekannten Ivy, einem amerikanischen Mannequin, der er noch einmal deutlich macht, daß er keinerlei Heiratsabsichten habe. Während des Fluges macht Faber die Bekanntschaft eines jungen Deutschen, der ihn unwillkürlich an seinen einstigen Freund Joachim Hencke denken läßt. Am nächsten Morgen erleidet der seit einiger Zeit magenkranke Faber während der Zwischenlandung in Houston, Texas, einen Schwächeanfall. Der sonst so pflichtbewußte Faber beschließt, trotz mehrerer Aufrufe seines Namens durch Lautsprecher, nicht weiterzufliegen. Aber die Stewardess findet Faber, der daraufhin seine Reise fortsetzt. Im Laufe des Vormittags muß die Maschine wegen Motorschadens in der mexikanischen Wüste von Tamaulipas notlanden.

Vor dem Schildern weiterer Ereignisse schiebt Faber eine Vorausdeutung ein, aus der zugleich ersichtlich wird, daß die Aufzeichnungen wesentlich später gemacht sein müssen. In einigen wichtigen Punkten werden die kommenden Ereignisse vorweggenommen. Dem Leser wird bekannt, daß Faber Vater ist und daß eine Sabeth stirbt.

Der Aufenthalt in der Wüste dauert vier Tage und drei Nächte. Faber erfährt, daß seine Reisebekanntschaft der

Bruder Joachims ist, der zur Zeit eine Plantage in Guatemala leitet. Außerdem stellt sich heraus, daß Joachim die Jugendfreundin Fabers, Hanna Landsberg, geheiratet hat.

Rückblende: Faber erzählt aus seiner Vergangenheit. Daraus ergibt sich, daß er in den Jahren 1933—35 Assistent an der Eidgenössischen Technischen Hochschule in Zürich war. Hanna habe er auch aus wirtschaftlichen Gründen nicht geheiratet.
Auf dem Flugplatz von Mexico City, im letzten Augenblick vor seinem geplanten Weiterflug nach Caracas, beschließt Faber, Herbert Hencke nach Guatemala zu begleiten. Sie fliegen bis Campeche und warten auf den Zug nach Palenque. Während der Fahrt erfährt Faber, daß Joachim und Hanna eine Tochter hatten. In Palenque warten sie mehrere Tage lang auf einen Jeep, der sie zur Plantage bringen soll.

Rückblende: Faber gibt eine Darstellung der Züricher Jahre mit Hanna, die Kunstgeschichte studierte. Sie hatte als Halbjüdin Deutschland verlassen müssen. Zur selben Zeit, da Faber als junger Ingenieur ein Angebot von Escher-Wyss nach Bagdad bekommt, eröffnet ihm Hanna, daß sie ein Kind erwartet. Andeutungsweise ist zwischen beiden von einer Abtreibung die Rede, bei der Joachim als Mediziner im Staatsexamen behilflich sein will. Hanna trennt sich von Faber.
Gemeinsam mit einem jungen amerikanischen Musiker brechen Faber und Herbert zur Plantage auf. Sie treffen dort Joachim nicht mehr lebend an. Er hat Selbstmord begangen. Herbert übernimmt die Leitung der Plantage. In einer kurzen Vorausdeutung erfährt der Leser, daß **Faber der Vater des Kindes von Hanna war.**

Rückblende: Zur Zeit der Annullierung jüdischer Pässe beschließen Faber und Hanna die Hochzeit. Auf dem **Standesamt** läuft Hanna jedoch davon. Faber fährt nach

Bagdad, nachdem die Abtreibung abgemacht war. Er hört nie wieder von seiner Freundin.

Faber reist zur Erfüllung seines Dienstauftrages nach Caracas, wo die Turbinen jedoch noch verpackt im Hafen liegen. Am 21. 4. trifft Faber wieder in New York ein. Dort erwartet ihn Ivy, von der er sich schriftlich getrennt hatte. Um ihrer aufdringlichen Liebe zu entgehen, bucht Faber kurzfristig statt eines Fluges eine Schiffsreise nach Europa zur Teilnahme an Konferenzen in Paris. Kurze Vorausdeutung: Die Schiffsreise wird die Begegnung mit seiner Tochter bringen. Auf einer eingeschobenen Nachholung schildert Faber seine und des jungen Musikers Rückfahrt von der Plantage nach Palenque.

Auf der Fahrt von New York nach Le Havre, die fünf Tage dauert, lernt Faber die bald einundzwanzigjährige Elisabeth Piper kennen, die von einem Studienaufenthalt in den USA auf dem Rückweg nach Griechenland zu ihrer Mutter ist und von Paris per Autostop über Rom nach Hause will. Piper ist der zweite Mann ihrer Mutter und lebt in Ostberlin. Sie ist in Begleitung eines Freundes. In einer Vorausdeutung bekennt Faber, das Leben seines Kindes vernichtet zu haben.

Faber gibt dem jungen Mädchen, mit dem er Pingpong spielt und dem er physikalische Probleme erläutert, den Namen Sabeth. Er denkt in diesen Tagen wieder häufig an Hanna. An Bord feiert Faber seinen fünfzigsten Geburtstag und macht Sabeth einen Heiratsantrag, auf den er keine Antwort bekommt. Nach der Ankunft in Le Havre fährt Faber allein weiter nach Paris. Dort beginnt er seine Konferenzserie. Er ist verunsichert wegen der Frage, ob er nicht Urlaub brauche.

Rückblende: Faber erzählt von seinem ersten Verhältnis zu einer Frau, der kranken Gattin seines Lehrers.

In Paris besucht Faber zum ersten Mal den Louvre, wo er Sabeth zu treffen hofft und sie auch wiederfindet. Er beschließt, Urlaub zu machen und auf derselben Route wie sie nach Rom zu fahren. In einer Vorausdeutung setzt sich Faber mit seinem Gewissen wegen des vor zwanzig Jahren gewollten Schwangerschaftsabbruchs auseinander.

Im Wagen eines Freundes reisen Faber und das Mädchen über Avignon, wo es zu einer intimen Begegnung mit Sabeth kommt, Pisa und Florenz nach Rom. Dort erfährt er von ihr den Namen ihrer Mutter und seiner Jugendliebe, Hanna Landsberg. Rückblickend erscheint es Faber unmöglich, nicht gleich die volle Wahrheit gewußt zu haben. Sofort schließt er eine Heirat instinktiv aus. Er deutet Sabeth an, daß sie sich trennen müssen. Sich selbst legt er die Daten der Vergangenheit so zurecht, daß Joachim der Vater des Mädchens sein mußte. Sie fahren weiter durch Italien und gelangen über Patras nach Korinth.

In seiner nachträglichen Schilderung überspringt Faber einen gewissen Zeitraum und berichtet von der Begegnung mit Hanna in einem Athener Krankenhaus. Er deutet Sabeths Unfall auf Akrokorinth an und beteuert seine Nicht-Schuld.

Rückblende: Faber erzählt von dem Schlangenbiß und von dem bis an den Rand seiner körperlichen Möglichkeiten gehenden Versuch, Sabeth ins rettende Krankenhaus zu bringen.

Nach einer kurzen Behandlung im Hospital kann Faber bei Hanna wohnen, die an einem archäologischen Institut arbeitet. Beide stellen sich Fragen, deren Antwort sie im Grunde schon wissen: Faber nach dem eigentlichen Vater von Sabeth, Hanna nach dem Grad der Beziehungen zwischen ihrer Tochter und Faber. Schließlich ist er der erste, der die Wahrheit sagt.

Rückblende: Noch einmal schildert Faber die Ereignisse mit Sabeth auf Akrokorinth. Beide hatten kein Zimmer mehr gefunden und beschlossen, die Nacht im Freien zu verbringen. Bei Sonnenaufgang gesteht Sabeth, glücklich zu sein.

Faber und Hanna fahren am nächsten Morgen mit einem Wagen zum Unfallort, um die dort zurückgelassenen Sachen zu holen.
Rückblende: In einer dritten und genauesten Schilderung des Unglücks erläutert Faber, daß er die schlafende Sabeth zurückgelassen und ein Bad im Meer genommen hat. Während dieser Zeit wird das Mädchen von einer Schlange gebissen. Als sie schreit, eilt der noch nackte Faber ihr zu Hilfe. Sie weicht vor ihm zurück und fällt eine Böschung herab.
Am Unglücksort spricht Hanna aus, daß Faber der Vater von Sabeth ist. Er ist entschlossen, zu kündigen und sich in Athen anzusiedeln. Faber denkt an eine Heirat mit Hanna. Als Faber und Hanna ins Krankenhaus zu ihrer Tochter gehen, erfahren sie von Sabeths Tod. Hanna bricht zusammen. Todesursache ist ein Schädelbasisbruch. Damit schließt der erste Bericht, den Faber nach dem Tod seiner Tochter in den Tagen vom 21.6. bis 8.7. in Caracas abfaßt.

Die anschließenden Aufzeichnungen sind mit „Zweite Station" überschrieben. Sie beginnen am 19. Juli, sechs Wochen nach dem Tod Sabeths. Faber liegt in einem Athener Krankenhaus, Hanna besucht ihn täglich.
Rückblende: Nach den Ereignissen in Griechenland ist Faber am 8. Juni wieder in New York, auf einer der üblichen Parties, die er jetzt mit noch klarerer Ablehnung sieht. Er kann den Schlüssel zu seiner Wohnung nicht finden, und an seinem Telefonapparat zu Hause meldet sich eine fremde Stimme.
Im Krankenhaus sieht Faber seiner Operation entgegen. Er versucht sich einzureden, keinen Krebs zu haben.
Rückblende: Schon einen Tag nach seiner Ankunft in New York ist Faber auf der Weiterreise nach Caracas, wo endlich die Montage stattfinden soll. Wegen Magenbeschwerden muß er den Flug jedoch in Merida unterbrechen und fährt von dort aus nochmals zur Hencke-

Plantage. Er findet in Guatemala einen völlig veränderten Herbert vor, der trotz vorhandener Möglichkeiten dieses Land nicht mehr verlassen will.
Im Krankenhaus diskutiert Faber mit Hanna über das Problem Technik. Die Beziehung Fabers zu Sabeth wertet Hanna als einen Irrtum, der zu Faber gehört.

Rückblende: Am 20. Juni kommt Faber in Caracas an, fällt aber dienstlich wegen seiner Magenbeschwerden aus. Länger als zwei Wochen muß er im Hotel liegen. Während dieser Zeit verfaßt er die erste Station seines Berichts. Ohne ihn adressieren zu können, ist er jedoch an Hanna gerichtet.
Im Krankenhaus erschrickt Faber beim Blick in den Spiegel. Er versucht immer noch, der Wahrheit über sich selbst auszuweichen.

Rückblende: Von Caracas nimmt Faber nicht mehr den Weg über New York. Er macht stattdessen vier Tage Rast in Caracas. Dort ist deutlich ein verwandelter Faber spürbar. Er faßt den Entschluß, anders zu leben.

Bei einem Besuch im Krankenhaus erzählt Hanna von ihrer Kindheit und von ihrem Verhältnis zu Männern. Sie vertraute allein einem blinden Greis namens Armin. Faber stellt fest, daß er praktisch nichts über Hanna sowie seine Eltern gewußt habe.

Rückblende: Bei der Firma Hencke-Bosch in Düsseldorf will Faber den Film über die Plantage in Guatemala zeigen. Er berichtet vom Tod seines Freundes. Da die Filmrollen in Unordnung geraten sind, muß Faber sich sämtliche Filme der letzten Monate anschauen. Dabei trifft er wieder auf Sabeth und verläßt das Haus, ohne später zu wissen wie. Die Filme läßt er zurück und nimmt den nächsten Zug nach Zürich.
Im Krankenhaus gesteht Faber, daß er Hanna noch immer nicht versteht.

Rückblende: In Zürich begegnet er wieder seinem alten Professor, der an Magenkrebs leidet. Noch am selben Tag fliegt Faber weiter, weil ihn in seiner Heimatstadt nichts mehr hält. In veränderter Sicht der Natur schildert er seinen letzten Flug, der ihn über die Alpen nach Athen führt. Faber kündigt bei der UNESCO.
Faber wird am nächsten Tag operiert.
Letzte Rückblende: Er besucht das Grab seiner Tochter und Geliebten.
Nunmehr haben sich Rückschau und Gegenwart eingeholt. Die Eintragungen sind nur noch nach Uhrzeit unterteilt. Hanna besucht Faber ein letztes Mal. Er schläft die ganze letzte Nacht vor der Operation nicht. Kurz vor dem offenbaren Ende macht er sich keinerlei Illusionen mehr. Für den Todesfall verfügt er, daß alle Zeugnisse von ihm wie Berichte und Briefe vernichtet werden sollen, da nichts stimme. Noch einmal erzählt Faber von Hanna, die zunächst nach dem Tode der Tochter Athen verlassen wollte, ihre Wohnung aufgab und kündigte. Jetzt ist sie aber doch entschlossen, beim Grab des Kindes zu bleiben, und arbeitet als Fremdenführerin. Auf Knien bittet sie Faber um Verzeihung für ihren Teil der Schuld. Fabers letzte Eintragung: „8.05. Sie kommen."

3) Interpretation

„Homo faber" ist ebenso wie der zuvor erschienene Roman „Stiller" als Tagebuch konzipiert, als „Ich"-Erzählung. Noch radikaler ist dieses Werk „aus dem Geiste des zwanzigsten Jahrhunderts geboren" (Carol Petersen, Max Frisch, S. 71), noch extremer als dort legt er „das Zeugnis seiner verantwortlich gelebten Zeitgenossenschaft ab." (Wintsch-Spiess, a.a.O., S. 9)
Frisch hat in „Homo faber" versucht, die Problematik aufzuzeigen in einer Zeit, in der zwei Grundstellungen zum Leben miteinander konkurrieren: einerseits die vor-

wiegend rational bestimmte Lebensweise, in der Wissenschaft und Technik fast ausschließlich die Denkart beeinflussen; auf der anderen Seite Kunst und Phantasie, die in der Anerkenntnis auch unerklärlicher Phänomene gipfeln.
Schon der Name „Homo faber" sagt aus, welchen Typus der Erzähler verkörpert. „Faber", lateinisch: der Schmied, steht für den produzierenden, erfolgreich schaffenden Menschen; der Ingenieur Faber steht für den erfolgreich tätigen, allein vom Verstand bestimmten Menschen unserer Zeit. Für Carol Petersen ist Faber der in diesem Jahrhundert dominant gewordene Menschentyp, „der sein Vertrauen zum Leben fast ausschließlich auf seine eigene Lebenstüchtigkeit gründet und seinen Lebensweg nach rationalen Erwägungen gestaltet." (a.a.O., S. 71)

Fabers Non-Credo

Walter Fabers Glaubensbekenntnis ist im Grunde ein Non-Credo: er glaubt an nichts, das er nicht fühlen und sehen, mathematisch und physikalisch berechnen, messen und wiegen, fotografieren und auf dem Tonband festhalten kann. In seinem „Bericht" bekennt der knapp Fünfzigjährige: „Ich glaube nicht an Fügung und Schicksal, als Techniker bin ich gewohnt mit den Formeln der Wahrscheinlichkeit zu rechnen ... Ich bestreite nicht: Es war mehr als ein Zufall, daß alles so gekommen ist, es war eine ganze Kette von Zufällen. Aber wieso Fügung? Ich brauche, um das Unwahrscheinliche als Erfahrungstatsache gelten zu lassen, keinerlei Mystik; Mathematik genügt mir." (Homo faber, S. 30)
Jedoch ist dieses Grundbekenntnis Fabers — wie alle seine Äußerungen — von einem merkwürdig defensiven Ton gekennzeichnet. Es fällt auf, daß Faber diese Art von Bekenntnis, das sich wiederholt, aus einer inneren Unsicherheit abgibt. Schon daß er sich die Frage nach einem Schicksal stellt, läßt an der bewußt „schnoddrig" vorge-

täuschten Selbstsicherheit des „Helden" zweifeln. Von Anfang an trägt der Bericht Fabers allzu deutlich Züge der Rechtfertigung, die dem Leser neben dem Kopfschütteln über einen trotz seines Alters in seiner ganzen Überheblichkeit naiven Menschen ein zunächst unerklärliches Mitgefühl erwecken.

Dazu Carol Petersen: „Der Leser kommt von der ersten Seite an nicht umhin, Fabers sämtliche Erlebnisse, selbst da, wo sie diesen als souveränen Beherrscher seines Lebens aufzeigen, als erschütternd zu empfinden, ihn als Opfer seiner Selbstverkennung und Fehlorientierung seines Lebens zu sehen, da er die Wertakzente allzu nachdrücklich auf dessen materielle Erfolgsseiten setzt. Er, der nur der Außenseite und der Gegenwärtigkeit der Erscheinungen dient und ihren Ansprüchen gehorcht, wird immerfort von seiner eigenen Vergangenheit und Innenwelt überlistet und überwältigt." (a.a.O., S. 72)

Ein Erschütterter

Der Grund für dieses von Erschütterung gekennzeichnete Mitempfinden wird verständlich, wenn man sich den Zeitpunkt der Entstehung der ersten Station des Berichts vor Augen führt: als Faber — ein kranker- bereits von körperlichem Verfall gekennzeichneter Mann — zum Mittel des „Sich-frei-Schreibens" griff, war das Schicksal bereits über ihm zusammengebrochen. Seine Tochter war tot, er hatte Blutschande an dem Mädchen begangen, hatte ihr und sein Leben zerstört.

Um — wie Max Frisch selbst — bestehen zu können, berichtet Faber von den Ereignissen der letzten Monate und versucht dabei natürlich eine Selbstreinwaschung. Wer könnte diese allzu menschliche Haltung nicht nachvollziehen. Und da der Bericht zwar nicht adressiert werden konnte, wohl aber für Hanna gedacht ist, versucht er die Frau, die er in die Tragik des Geschehens mit hineingezogen hat, noch im nachhinein von der ihm weiterhin vernünftig erscheinenden Sicht der Dinge ebenfalls zu überzeugen. Manchmal nimmt sich Fabers Bericht geradezu beschwörend aus, so, als könne man mit ständiger Wiederholung letzten Endes doch eine Lüge zur Wahrheit machen.

Ähnlich urteilt und empfindet auch D. Satonski: „Sein Verstand ist unifiziert wie die Teile der Maschinen, er verachtet die Menschen und das Leben, seine Gefühle sind abgegriffen wie das Geld, mit dem er das Recht auf Komfort und das Recht auf Egoismus bezahlt. So ist Faber. Genauer gesagt, so war er irgendwo außerhalb der zeitlichen Grenzen des Romans. Der Roman, das sind seine Aufzeichnungen. Und schon allein die Tatsache, daß er ein Tagebuch zu schreiben beginnt, zeugt davon, daß Faber aufgehört hatte, ein hundertprozentiger Faber zu sein. Mit ihm ist schon jenes Schreckliche geschehen, was der Leser erst allmählich zu ahnen beginnt; er ist schon in seiner Lebenseinstellung erschüttert. Und Faber verteidigt sich verzweifelt, manchmal fast erbittert. Er hat nicht deshalb zu schreiben begonnen, weil er das Geschehene überdenken wollte, sondern nur, um Argumente zu seiner Rechtfertigung anzuführen." (In: Sowjetwissenschaft, Kunst und Literatur, 2. Halbjahr 1966, S. 1056)

Horst Steinmetz wiederum macht darauf aufmerksam, daß sich Faber schließlich durch das Schreiben von einer falschen Rolle und Realität befreit, obwohl er sich mit seinem Bericht ursprünglich gerade rechtfertigen wollte. „Der Prozeß der Erkenntnis vollzieht sich bei Faber durch das Schreiben. Von dem Romanhelden veranschaulicht er am besten den Satz aus dem Tagebuch I: ‚Schreiben heißt: sich selber lesen'. Faber muß das gleichsam wider Willen erfahren."

Faber ist in dem Moment, in dem er zu schreiben beginnt, ein Erschütterter. Noch weigert er sich, seine Fehler einzugestehen; noch lügt er sich in die eigene Tasche. Würde er zugeben, daß er sich grundlegend geirrt hat, daß seine Lebensauffassung eines fühlenden Menschen unwürdig ist, hätte er im selben Atemzuge seine ganze Schuld bekennen müssen. Faber hätte zugeben müssen, daß er versagt hat in seinen zwischenmenschlichen Beziehungen, versagt auch vor sich selbst durch die Blindheit gegenüber seiner Umwelt.

Ein solches Versagen einzugestehen ist schwer. Für einen Menschen vom Selbstbewußtsein Fabers ist es gleichbedeutend mit seelischem Selbstmord. Wenn nichts mehr stimmt, was bisher für ihn bedeutend war, wo soll er sich dann orientieren? Zum Zeitpunkt seines Schreibens ist Faber zwar verunsichert, hat aber noch keinen neuen Bezug gefunden.

Dies wird deutlich, wenn Faber von den Gesprächen mit Hanna nach dem Unfall der Tochter berichtet. Er versteht sie nach wie vor nicht. Er gibt ihre Ansichten wieder wie ein auswendig gelerntes Zitat. Fast schwingt etwas wie Anklage in Fabers Bericht mit, wenn er Kernsätze einer hinter den rein wissenschaftlich belegbaren Erscheinungen der Welt noch etwas anderes wahrnehmenden Lebensauffassung zitiert. Entsprechend stellt er auch eine weit über das Ziel schießende Alternative auf, die „Mathematik oder Mystik" lautet. Daß es zwischen diesen beiden Extremen noch eine ganze Skala von Möglichkeiten einer wahrhaften Einstellung zum Leben gibt, davon ist ihm trotz des Schicksalsschlages zum Zeitpunkt zumindest des Schreibens der ersten Station noch nichts bewußt geworden.

Fügung und Schicksal

Gleich in die ersten Seiten des Romans hat Frisch die Schwerpunkt-Betrachtung Fabers über Zufall und Schicksal gelegt. „Homo faber" hat — wie Eduard Korrodi zu Frischs Roman „Die Schwierigen" meinte — als innersten Raum das Schicksal. „Es ist der Konflikt des Menschen, und zwar hauptsächlich des Mannes, der ständig glaubt, nicht an Fügung und Schicksal zu glauben, der überzeugt ist von der Berechenbarkeit der Welt und des Lebens — und der von der Fügung und seinem Schicksal schließlich eingeholt wird und die Unberechenbarkeit des Lebens auf sehr drastische Weise erfährt." (Stäuble, Max Frisch, Gesamtdarstellung seines Werkes, S. 105) Natürlich ist es Zufall, was Walter Faber begegnet. Zumindest sind die ersten Ergebnisse des Berichtes rein zufällig. Nie Notlandung in der mexikanischen Wüste, die erst durch sein — gegen eigenes Wollen — von der Stewardess quasi erzwungenes Mitfliegen möglich wurde, die Bekanntschaft mit dem Bruder seines Jugendfreundes, die Schiffsreise nach Europa, durch die er seine Tochter kennenlernt: dies alles ist Zufall. Nicht mehr Zufall ist aber — und das übersieht Faber —, daß er sich an der Urwaldexpedition zu Joachims Plantage beteiligt, daß er Sabeth näher kennenlernt, daß seine Tochter beim Zurückweichen vor ihm zu Tode stürzt.

„Die Unwahrscheinlichkeiten des Geschehens beruhen nicht auf kompositorischer Schwäche; die Selbstkommentare Fabers, die an den Gelenkstellen der Ereignisse mit zunehmender Intensität ablaufen, lassen vielmehr mit größerem Nachdruck eine innere Logik im Aufbau der Handlung hervortreten: Indem Faber leidenschaftlich jeden Sinn der Ereignisse leugnet, unterstreicht er gleichsam indirekt die Sinnstruktur und Notwendigkeit seines Schicksals. Er zeigt sich als ein Mann, der mit den Versatzstücken einer ‚aufgeklärten' Daseinsphilosophie die Abgründe seiner Existenz zu verstellen bestrebt ist, der aber auf der Flucht vor der Wirklichkeit gleichsam aus dem Hinterhalt vom Leben überfallen und in seiner Haltung widerlegt wird." (Gerhard Kaiser, in: Schweizer Monatshefte, 1958—59, S. 843)

Das auf den Zufall folgende Handeln ist Faber selbst unverständlich. Darum rechnet er auch die Kausalitäten als Zufallserscheinungen, was schon einen Teil seiner Schuld ausmacht. Seine Schuld ist, daß er den „inneren Faber" nicht berücksichtigen will, den Menschen, der sich entgegen allen seinen Programmen den Intentionen nicht entziehen kann, der zum Beispiel die Vergangenheit nicht überwinden konnte, der Hanna noch immer liebt, der Sehnsucht nach einer Bindung zum Menschen hat, diese nicht finden konnte und deshalb Freundschaften und Ehe ablehnt.

Diese „Halbheiten" Fabers werden ganz deutlich im Verlauf des Buches. Faber versucht immer wieder, Erinnerungen, die ihn quälen, fortzuschieben, kann sich aber nicht dagegen wehren, daß sie über ihn kommen. Gleich zu Anfang im Flugzeug meint er, der junge Deutsche neben ihm mache ihn nervös, ohne zu wissen weshalb. Noch ganz im Unterbewußtsein kommt die Assoziation an Joachim: „... irgendwie kannte ich sein Gesicht, ein sehr deutsches Gesicht." Und ein wenig später: „... ich mag die Deutschen nicht, obwohl Joachim, mein Freund, auch Deutscher gewesen ist." (Homo faber, S. 11 ff.)

Kontaktlosigkeit

Ein nicht so auf der „Oberfläche schwimmender" Beobachter hätte sich bewußter Gedanken über seinen Nachbarn gemacht, hätte vielleicht auch darüber nachgedacht, warum die Erinnerung an Joachim ihn nicht losgelassen hat. Faber aber hält nicht viel von Menschen, sie gehen ihm auf die Nerven. Er ist gern allein, Gesellschaft strengt ihn an. Faber lebt offenbar gegen die Natur, die den Menschen nicht als Einzelwesen geschaffen hat, sondern in Kommunikation. Auch das Verhältnis zu seiner amerikanischen Freundin Ivy ist mehr als oberflächlich und zugleich problematisch. Faber hat Frauenbekanntschaften, weil sein Körper sie braucht, nicht aber, um auch seelisch zu einer Vervollkommnung durch das andere Geschlecht zu finden. Ivy ist für ihn ein guter Kumpel, ein netter Kerl, daneben auch noch Frau für eine bestimmte Sache, mehr nicht.

Typisch für sein Verhältnis zu anderen Menschen ist seine Vorliebe für Schach. Dieses Spiel ist für ihn eine angenehme Art, um Zeit zu überbrücken, Zeit mit anderen Menschen, die man sonst mit Gesprächen füllen müßte. Worüber aber soll ein „Homo faber" reden? Das Thema Technik erschöpft sich bald oder läßt sich mit bestimmten Menschengruppen gar nicht anschneiden. Kunst wiederum interessiert Faber nicht, und von Gefühlen hält er nichts, schon gar nicht von gewissen Arten von Erlebnissen. Also „Gesellschaftsspiel", also unter anderem auch Schach. „Ich schätze das Schach, weil man stundenlang nichts zu reden braucht. Man braucht nicht einmal zu hören, wenn der andere redet. Man blickt auf das Brett, und es ist keinesfalls unhöflich, wenn man kein Bedürfnis nach persönlicher Bekanntschafft zeigt, sondern mit ganzem Ernst bei der Sache ist —". (Homo faber, S. 32)

Erlebnisse — Angst

Erlebnisse — damit ist wieder ein entscheidendes Stichwort gefallen. Wieder eine Kernstelle im „Homo faber", wieder die Notwendigkeit eines Zitats: „Ich habe mich schon oft gefragt, was die Leute eigentlich meinen, wenn sie von Erlebnissen reden. Ich bin Techniker und gewohnt, die Dinge zu sehen, wie sie sind. Ich sehe alles, wovon sie reden, sehr genau; ich bin ja nicht blind. Ich sehe den Mond über der Wüste von Tamaulipas — klarer als je, mag sein, aber seine errechenbare Masse, die um unseren Planeten kreist, eine Sache der Gravitation, interessant, aber wieso ein Erlebnis? Ich sehe die gezackten Felsen, schwarz vor dem Schein des Mondes; sie sehen aus, mag sein, wie die gezackten Rücken von urweltlichen Tieren, aber ich weiß: Es sind Felsen, Gestein, wahrscheinlich vulkanisch, das müßte man nachsehen und feststellen. Wozu soll ich mich fürchten? Es gibt keine urweltlichen Tiere mehr. Wozu soll ich sie mir einbilden? Ich sehe auch keine versteinerten Engel, es tut mir leid; auch keine

Dämonen, ich sehe, was ich sehe: die üblichen Formen der Erosion, dazu meinen langen Schatten auf dem Sand, aber keine Gespenster ... Warum soll ich erleben, was gar nicht ist? Ich kann mich auch nicht entschließen, etwas wie die Ewigkeit zu hören; ich höre gar nichts, ausgenommen das Rieseln von Sand nach jedem Schritt ... Ich kann mir keinen Unsinn einbilden, bloß um etwas zu erleben ... Ich weigere mich, Angst zu haben aus bloßer Fantasie, beziehungsweise fantastisch zu werden aus bloßer Angst, geradezu mystisch." (Homo faber, S. 33 ff.)

Ein entscheidendes Wort ist ganz zum Schluß des Zitats „Ich weigere mich, Angst zu haben ...". Offenbar hat Faber Angst und wehrt sich dagegen. Aus Angst vor den Tiefen seines Ich oder den Unerklärbarkeiten der Welt zieht er es vor, sich den Mantel des Phantasielosen umzulegen, sich in die Erklärbarkeit der Naturerscheinungen zu retten. Dämonen sind ihm so fremd nicht, aber er weigert sich, ihnen Zugang zu gewähren. „Erlebnisse, Ahnungen, Phantasievorstellungen gehören anderen Bereichen an; sie sind geeignet, die wohlgeordnete Welt der klaren Erkenntnis zu durchbrechen, darum stößt sie Faber wie Krankheitskeime von sich ab. Im Ahnungsvermögen des Menschen und darin, daß seine Phantasie ihm das Nichtwirkliche vorstellbar macht, liegt aber der Schlüssel zu den im Leben wirksamen Kräften. Wenn Faber sich weigert, Angst zu haben aus lauter Phantasie, so ist das nicht nur Überheblichkeit, sondern auch Blindheit seines Verstandes." (Van Rinsum, Dichtung und Deutung, S. 304 f.)

Interessant ist, daß Faber selbst in diesem Zusammenhang von Blindsein spricht, vielmehr davon, es nicht zu sein. „Ich sehe alles, wovon sie reden, sehr genau; ich bin ja nicht blind." Das Leitmotiv des Blindseins zieht sich durch den ganzen Roman und bereitet den Bezug Fabers zur Gestalt des Ödipus vor, der in dem Wunsch Fabers im zweiten Teil des Berichts, sich die Augen ausstechen zu wollen, ganz deutlich wird.

Wenn man die Äußerungen Fabers über das Wesen des Erlebnisses näher betrachtet, erweist sich, daß er keineswegs „nur eine dinghafte Wirklichkeit" sieht. „Auch Fabers Einbildungskraft läßt sich nicht wissenschaftlich bannen ... Er behauptet, keine urweltlichen Tiere in den Felszacken zu erkennen, aber um das bestreiten zu können, muß er sie zunächst einmal dergestalt erlebt haben ... Sein Erlebnis bleibt mit Angst verbunden. Faber hat Angst vor dem Erlebnis und erlebt infolgedessen immer wieder nur seine eigene Angst." (Manfred Jurgengen, Max Frisch, Die Romane, S. 112)

Dagegen heißt es bei Gerhard Kaiser: „Seine Ironie richtet sich gegen Sentimentalität und falsche Romantik, gegen ein pervertiertes Naturerlebnis. Aber sie ist Ironie eines selbst Erlebnislosen, der total von der Natur abgeschnitten ist. Während noch in Sentimentalität und Gefühlsschablone ein letztes Rudiment einer schöpferischen Antwort der Innerlichkeit des Menschen auf die Natur erhalten ist, wird in Faber kein Bild, keine Vorstellung, kein Leben erweckt." (a.a.O., S. 844)

Natur-Bezug

Ob man sich nun dieser oder jener Interpretation anschließt, Faber nun die Fähigkeit zum Erleben abspricht oder ihm zumindest noch seine Angst vor dem Erleben zugutehält, unzweideutig scheint die Fühlungslosigkeit Fabers zur Natur zu sein. Sein diesbezügliches Verhalten ist gekennzeichnet durch relative Gleichgültigkeit, höchstens einmal negative Assoziation, gleichzeitig aber präzise und sachliche Beobachtung.

Bezeichnenderweise erlebt Faber die Natur meistens aus dem Flugzeug heraus. Zwischen ihn und die Natur ist das distanzierende technische Medium gerückt. Faber gesteht ganz offen, daß er sich aus Landschaften nichts mache.

Dennoch filmt er sie, insbesondere Sonnenuntergänge, Mondaufgänge und was dergleichen „gängige" Filmobjekte für einen Reisenden, wie ihn die Glosse sieht, mehr sind. Immer wieder stellt er den Filmapparat zwischen sich und die Natur, wie es auch für das Flugzeug gilt. Faber genießt den Sonnenuntergang nicht, er filmt ihn. Er müßte sich die Frage gefallen lassen, warum er überhaupt Filmmaterial für Landschaften verschwendet, wenn er sich nichts daraus macht. Vermutlich will er beweisen, daß er etwas von Natur versteht, wenn er sie auch nicht mit — nach seiner Ansicht — gefühlsduseligen Augen ansieht.

Obwohl Faber es sich nicht eingesteht, muß aber auch er auf die Natur gefühlsmäßig reagieren. Deutlich wird dies durch seine Schilderung einer Landschaft gleich zu Anfang des Romans während des Fluges, als er die Lagunen himmelblau und wässerig wie die Augen von Ivy, seiner amerikanischen Bekannten, und die Sümpfe Mexicos lippenstiftrot sieht. (S. 24 f.) Faber hatte in der Maschine versucht, an diese Frau zu denken. Dennoch meint er, diese Assoziation bei der Naturbetrachtung nicht verstehen zu können.

Dieses Assoziationsdenken ist aber wohl nicht typisch für den Walter Faber, wie er uns zunächst in dem von ihm selbst verfaßten Bericht begegnet. Er überläßt sich hier der Assoziation aus dem für ihn bisher auch nicht typischen Gefühl der Nervosität heraus, das bereits andeutet, daß bei Faber etwas Neues, Ungewohntes in Gang gekommen ist. Üblich ist wohl für Faber, daß er geradezu dankbar ist für technische Medien, die ihm die unmittelbare Fühlungnahme zur Natur ersparen. So hofft er im Dschungel auf den Jeep, nicht allein, um zur Plantage zu kommen, sondern um endlich wieder in seinem gewohnten Betätigungsfeld zu sein. Er klammert sich geradezu an den Jeep; klammert sich an die Nähe von Flugplätzen, trägt überall seine Filmkamera und seine Schreibmaschine mit sich herum, die bezeichnenderweise den Namen „Hermes' Baby" trägt, das „mythologische Kind der Technik". (Jurgensen, a.a.O., S. 114)

Unsicherheit

Bemerkenswert ist in diesem Zusammenhang die Bedeutung des Rasierens bei Faber. Bei jedem Aufkommen von Unsicherheit rasiert er sich, selbst wenn dies gar nicht nötig wäre. Mit dem Rasierapparat glaubt Faber eine „technische Bereinigung seines Unwohlseins zu finden". (Jurgensen, a.a.O., S. 113) Faber hat geradezu die Manie, sich immer dann rasieren zu müssen, wenn er sich seiner Umwelt nicht gewachsen fühlt. „Ich habe dann das Gefühl, ich werde etwas wie eine Pflanze, wenn ich nicht rasiert bin", sagt Faber. Er hat offenbar Angst vor dem „Zurück zur Natur", was nicht ein Pladoyer für ungepflegtes Äußeres sein soll. Er hat ja keine Angst davor, ungepflegt zu sein. Für ihn ist Rasieren nicht eine reine Hygiene-Frage. Das Organische im Menschen ist für Faber ganz offensichtlich untermenschlich. Unrasiertsein ist ein Zustand, dem er sich — weil allzu menschlich — nicht mehr gewachsen fühlt.

Gerade das Menschliche und Natürliche ist es, was Faber unsicher macht. Der Mensch hat es zwar fertiggebracht, die Welt weitgehend unter seine Kontrolle zu bringen: er kann die Welt mit der Atomwaffe zerstören, kann klimatische Veränderungen bewirken, kann das Leben über die Geburten kontrollieren, kann auch — wie Faber gern anhand von Statistiken nachweist — vielerlei Krankheiten mit Erfolg bekämpfen. Aber letztendlich ist er doch machtlos gegen das Alter, den körperlichen Verfall, den Tod. An sich selbst spürt Faber nur zu deutlich die Grenzen der menschlichen Kunst, ist doch die Zerstörung seines Körpers durch die Krankheit nicht aufzuhalten.

Man geht wohl nicht fehl in der Annahme, daß dieses zunehmende körperliche Unbehagen die Unsicherheit Fabers zu einem großen Teil bewirkt. In dem Maße, wie Faber nicht mehr Herr über sich selbst ist, verliert er auch seine Souveränität der Umwelt gegenüber. „Faber ist ursprünglich ein Mann der Aktion, nicht der Reflexion. Solange er intakt ist, setzt er sich von der Fülle des

Lebens ab auf den schmalen Sektor seiner Interessen. Daß er über seine Erlebnisse zu reflektieren beginnt, ist ein sicheres Anzeichen für eine Wandlung und Entwicklung. Was Faber schildert und bedenkt, ist die Katastrophe seiner Lebensform, der ein biologischer Verfall infolge einer verschleppten Krebskrankheit parallel läuft." (Satonski, a.a.O., S. 1058)

Während Faber sich noch einbildet, alle Entschlüsse selbst in der Hand zu haben, ist er doch bereits Spielball seiner Unsicherheit geworden. Die von Faber zur Schau getragene Selbstsicherheit („Ich bin nun einmal ein Typ, der mit beiden Füßen auf der Erde steht") bricht in der nachlassenden Willensstärke schon eines Alkoholrauschs in sich zusammen. „In eurer Gesellschaft könnte man sterben ... ohne daß ihr es merkt, von Freundschaft keine Spur, sterben könnte man in eurer Gesellschaft! schrie ich ... Ich war betrunken." (S. 94 f.)

Liebe — Ehe — Freundschaft

Hier klingt zum ersten Mal die große Verzweiflung Fabers über seine Umwelt auf, in die er gesetzt wurde und der er sich anpaßte, bis er selbst ein Teil von ihr wurde. In dem Maße, wie er sich dieser Lebensform eingliedert, verliert er die Fähigkeit und die Lust an einer engen Bindung mit einem anderen Glied dieser Kette von Oberflächlichkeit und Blindheit. Faber findet Menschen „anstrengend", <u>will keine Ehe</u>, will dann schon lieber seine Einsamkeit, die ihm aber auch manches Mal auf die Nerven geht. Dennoch erträgt er lieber das Alleinsein, als mit einer Frau zusammenzuleben, die er im Grunde absurd findet. Faber hatte nur eine Frau kennengelernt, mit der „es nicht absurd" war, und diese Frau war seine Jugendliebe Hanna. Faber ist so blind nicht, wie er sich gibt. Denn in all den Jahren, die er Hanna aus den Augen verloren hatte, konnte er sie nicht vergessen. Alle möglichen Gründe schob er für sich selbst vor für die Tatsache, daß es nicht zu einer Ehe zwischen ihnen kam. Nun will er keine Heirat mehr, wenn er selbst die Frau, die er liebte, nicht geheiratet hat. Dieser Erkenntnisprozeß steht ziemlich am Anfang des Buches und bedeutet auch schon einen Anfang in der Haltung Fabers gegenüber sich selbst. Zwar ist er noch nicht fähig, den entscheidenden Schritt zu tun und nach seiner Schuld dabei zu fragen — beziehungsweise sie ohne Ausflüchte einzugestehen. In seinen Rückblenden beschäftigt er sich immer wieder mit dem Scheitern der Beziehungen zu Hanna. Zunächst schiebt er wirtschaftliche Gründe vor, legt auch Hanna die eigentliche negative Entscheidung zur Last, ohne dabei nach seiner Rolle zu forschen.

In den Jahren nach ihrer Trennung versuchte Faber, nicht mehr an Hanna zu denken, hatte sie völlig aus den Augen verloren. Seine gegenwärtige Beziehung zum Mannequin Ivy ist wohl symptomatisch auch für die anderen Frauenbekanntschaften, die Faber in der Zwischenzeit hatte. Sie befriedigen physiologische Notwendigkeiten, mehr nicht. Ivy geht ihm schlicht auf die Nerven mit ihrer Anhänglichkeit. Sie ist ihm völlig gleichgültig; noch in der intimsten Begegnung kann er ohne weiteres an anderes denken. Daß es überhaupt zu diesen Begegnungen kommt, begreift er manchmal nicht. Es ärgert ihn, ist dies doch wieder ein Beweis für die unberechenbare und schwer lenkbare Natur, deren Teil er ist. Auch für den Ingenieur Faber ist nicht alles berechenbar, geschweige denn lenkbar — am allerwenigsten er selbst.

Mit Ivy — der Name bedeutet Efeu und bezeichnet wohl nicht nur das Rankende und Haftende als weibliches Merkmal, sondern auch die Anpassung an ihre Umgebung — kommt es zu einem „kläglichen Schauspiel der Verführung und des Überdrusses". (G. Kaiser, a.a.O., S. 846) Ivy ist eine echte Vertreterin des „American Way of Life", dem Faber später so scharf den Rücken kehrt. Alles ist unecht und pervertiert, wirkliche Liebe und Freundschaft gibt es nicht. Daß Faber sich in dieser Umgebung am wohlsten allein fühlt, spricht für ihn und muß nicht unbedingt gleichbedeutend sein mit Ablehnung des Menschen schlechthin. Sich selber gesteht er den Überdruß an dieser unechten Lebensweise aber nicht ein. Er findet sich männlich, wenn er allein ist. Zu den glücklichsten Minuten Fabers gehört der Augenblick, in dem er eine Gesellschaft verläßt und in den Wagen steigt. Er ist dann endlich wieder allein. Sein Bedürfnis nach Einsamkeit ist „keine feindselige Schwäche, sondern das Ergebnis einer Erfahrung des Unverhältnismäßigen menschlicher Beziehungen, ihrer Vagheit und wiederum: ihrer Unabsehbarkeit." (Geulen, Max Frischs „Homo faber", S. 42)

Faber erläutert einmal: „Ivy heißt Efeu, und so heißen für mich eigentlich alle Frauen. Ich will allein sein! Schon der Anblick eines Doppelzimmers, wenn nicht in einem Hotel, das man bald wieder verlassen kann, sondern Doppelzimmer als Dauereinrichtung, das ist für mich so, daß ich an Fremdenlegion denke —". (S. 129)

An dieser Stelle ist wieder ganz Frisch spürbar, der Angst vor der Ehe und der andauernden Zweisamkeit hat, die — natürlich — Gewöhnung, Wiederholung und auch Langeweile nicht ausschließt; ein Max Frisch, der sich in dieser ritualisierten Form des Zusammenlebens wie in einem Kerker fühlt oder in der Fremdenlegion, was nicht viel besser ist.

Einsamkeit

Daß Walter Faber auch die andere Seite der Einsamkeit kennt, macht er ebenfalls ganz deutlich: „Dann stehe ich einfach da, Gin im Glas, den ich nicht mag, und trinke; ich stehe, um keine Schritte zu hören in meiner Wohnung, Schritte, die doch nur meine eigenen sind. Alles ist nicht tragisch, nur mühsam: Man kann sich nicht selbst Gutnacht sagen —". (S. 131)

Hier klingt die ganze Sehnsucht des Walter Faber nach der Geborgenheit in der Gemeinschaft mit einem anderen

Menschen an. Er will im Grunde, daß ihm jemand Gutnacht sagt, aber es tut keiner, weil er den richtigen Partner versäumte. Und dieses Versäumnis wird Faber in der Wüste von Tamaulipas klar, als er den Abschiedsbrief an Ivy schreibt. Eine Frau hat er geliebt, und diese Frau war Hanna, die er — im Grunde weiß er selber nicht mehr warum — nicht geheiratet hat.

Ursula Roisch schreibt, daß die „persönliche Schuld ... (Fabers) ... die Frucht einer in der Wurzel kranken Gesellschaft ... (sei), die zur Deformation des Menschen führt! Nur noch der gelebte Augenblick, das direkt Greifbare sind Gewißheiten für ihn. Warum ein Leben auf die Zukunft hin entwerfen, wenn man nicht weiß, wozu und wofür?" (Über Max Frisch, a.a.O., S. 96)

Die Gesellschaft, in der Faber jetzt lebt, läßt ihm wahrscheinlich keine andere Wahl. Es ist Faber sogar anzurechnen, daß er aus bloßer Angst vor dem Alleinsein nicht in eine — im Grunde ungewollte — Ehe hineingeraten ist. Aber seine höchst persönliche Schuld war es, daß er — wenn auch als noch sehr junger Mann — die Chance des Zusammenlebens mit Hanna verpaßte, der Frau, die er doch eigentlich sein ganzes Leben lang liebte und von der er zumindest im Unterbewußtsein nicht loskommt. Wäre er nicht dieser Hanna begegnet, vielleicht würde eine Ivy nicht so desillusionierend auf ihn gewirkt haben, weil er nichts anderes kannte. Aber er wußte ja, wie Frauen sein können, welche Partner sie sein können. Und wenn er rückblickend immer wieder schreibt, er wisse selbst nicht, warum es nicht zur Heirat kam, dann ist dies der Ansatzpunkt, um seine Schuld zu suchen.

Nicht, daß hier die Notwendigkeit einer ehelichen Verbindung zwischen zwei Menschen, die sich lieben oder mögen, aufgezeigt werden soll. Nur hier, in diesem bestimmten Falle, krankt Faber an seiner damaligen Blindheit, die er sein Leben lang bis zum immerhin reifen Alter des Fünfzigjährigen durchgehalten hat: die Blindheit, nicht zu wissen, wen er als Partner wählen soll, da er sich selbst nicht erkennt.

Daß Faber zumindest unterschwellig ein starkes Bedürfnis nach Kontakt hat — nur nicht in der ihn umgebenden Gesellschaft das richtige Objekt findet — wird deutlich aus seiner Haltung gegenüber Herbert Hencke, seiner Flug-Bekanntschaft. Als er erfährt, daß Herbert der Bruder seines einst besten Freundes Joachim ist, läßt der sonst so pflichtbewußte Faber alles stehen und liegen und fährt mit auf die Plantage, eine Reise, die nur Mühsal für ihn bringt. Ich kann Ursula Roisch nicht beipflichten, die in dieser Unternehmung auch eine Freude am Experiment entdecken will. (a.a.O., S. 99) Dieser Reiz, „einfach zu erproben, was geschieht, wenn er der Zivilisation den Dienst aufkündigt" (ebenda), scheint mir an keiner Textstelle belegt. Nachdem Faber von Herbert sein Verwandtschaftsverhältnis zu Joachim und darüberhinaus noch über die Ehe Joachims mit Hanna erfahren hat, beschäftigt sich Faber ununterbrochen mit seiner Vergangenheit. Interessant ist, daß schon auf der fünften Romanseite der Name „Joachim" fällt, und daß diese Assoziation — zwar noch nicht deutlich, aber unbewußt schon vorhanden — bereits auf der ersten Seite aufflackert. Faber hat offensichtlich den Drang nach einer wirklichen menschlichen Beziehung. Er sagt denn auch bei seinem plötzlichen Entschluß in Mexico-City — kurz vor seinem geplanten Weiterflug —, er mache einen privaten Umweg, bloß um einen alten Jugendfreund wiederzusehen (S. 46), wobei ihm nicht klar wird, daß es ihm eigentlich um Hanna geht. Die angebliche Lust am Experiment verläßt Faber auch bald in der Unwirtlichkeit des Dschungels. Faber spielt sogar mit dem Gedanken, Herbert allein zu lassen. Warum er es nicht tut, ist nur allzu deutlich.

Beruf

Auffällig an dieser wohl entscheidenden Phase in Walter Fabers Leben ist die Neuorientierung von seinem bis dahin üblichen Berufsleben und -ethos weg zum Unge-

wohnten. Gleich am Anfang des Romans will er hier bereits zum zweiten Mal aus der ihm zum Alltag gewordenen Art ausbrechen. Der erste derartige Gedanke kommt ihm bei der Zwischenlandung in Houston, als er einen Schwächeanfall erleidet. Hier trifft ihn die Ahnung des Todes und des Unheils ganz deutlich: „Mein Gesicht, ... grau und gelblich mit violetten Adern darin, scheußlich wie eine Leiche ..." (S. 15). Dieser Gedanke: „Plötzlich ging es ohne mich" (S. 18) soll recht bald wiederkehren im Verhältnis zu Ivy: „Wären wir bei dieser Notlandung verbrannt, könnte sie auch ohne mich leben!" (S. 43)
Faber merkt, daß er überflüssig wird, fühlt sich nicht mehr voll im Lot; denn sonst wären diese Gedanken bei ihm unmöglich. In dem Maße, in dem sein körperliches Leiden fortschreitet, das er nicht wahrhaben will, verläßt ihn auch sein Selbstbewußtsein, die Überzeugung seiner Notwendigkeit sowohl im Beruf als auch in der Gesellschaft. „Sein Leben als Ingeniuer schenkt ihm das Gefühl, mit den Tatsachen fertig zu werden; der Beruf des Technikers ist ihm ein männlicher Beruf, ‚wenn nicht der einzig männliche überhaupt', weil er auf Organisation und Leistung beruht. In dieser Innenwelt des Bewußtseins wirken sich die über Faber hereinbrechende Persönlichkeitsveränderung und ihre klinische Komponente besonders stark aus, indem sie die aus der technischen Lebenshaltung entspringenden Fähigkeiten immer weiter zerstören ... Faber trifft keinen echten Entschluß, sondern läßt sich in die Entscheidung hineintreiben, und das wird von nun an eine typische Motivationsform für sein gesamtes Verhalten, so daß er sich schließlich mit Recht nicht mehr zur Erfüllung seiner beruflichen Aufgaben fähig fühlt." (G. Kaiser, a.a.O., S. 843)
Gedanken an seine Vergangenheit und aufkommende Todesahnung vereinigen sich in Faber zu Nervosität und Unsicherheit. Ihre Ursachen werden ihm nur soweit bewußt, wie sie sich mit den tatsächlichen äußeren Ereignissen decken: das Treffen mit Herbert und die daraus resultierende Rückschau in sein Leben.

Zweite Stufe der Naturerfahrung

Faber wird durch diese Rückschau, die noch kein In-sich-Sehen ist, zu einem gleichsam ins Schwimmen gekommenen Menschen. Er sieht manches plötzlich verändert, deutlicher, bedrohlicher, unter anderem die Natur. Sie ist bei Faber leitmotivisch gesehen ein Ausdruck für ein ins Wanken geratenes Weltbild. Auf der Expedition zu Joachim erscheint ihm die Natur bedrohlich, ja geradezu ekelhaft. „Fabers Urwaldexpedition ... kennzeichnet eine zweite Stufe seiner Erfahrung der Natur. An die Stelle der ursprünglichen Affektlosigkeit ist ein deutlicher Affekt getreten. Die fremde Natur wird zur feindlichen Natur. Der Grund dafür liegt einmal in der Natur selbst ... zum anderen ist diese Landschaft doch auch Symbol eines neuen, veränderten Zustands bei Faber... Charakteristisch ist schon die Auswahl an Eindrücken, die Faber aufnimmt ... In der Natur begegnet der Ratio des Ingenieurs das ganz andere, der Bereich des Kreatürlichen, Zeugung, Geburt, Wachstum, Tod, ‚Fortpflanzerei'... Solange Fabers Abdichtung gegen diese Sphäre funktioniert, bleibt er distanziert und unbeteiligt. In dem Maße, in dem die Selbstsicherheit seines Weltbildes zweifelhaft wird, fühlt er sich fürchterlich und unausweichlich in den Rhythmus des organischen Lebens verschlungen." (G. Kaiser, a.a.O., S. 844)

Hans Geulen sieht in seiner Betrachtung eine besondere Bedeutung in der Herabminderung und Eintrübung des Bewußtseins, der teilweisen Ausschaltung des Verstandesmäßigen, der Reduzierung des Lebensbewußtseins, wie sie bei Faber auf der Expedition zu konstatieren sind. Der Gebärde des An-der-Mauer-Sitzens mit geschlossenen Augen und geschlossenem Mund, die Beine von sich gestreckt, unausgesetzt schwitzend, komme — meint Geulen — für die Phase des Guatemala-Aufenthalts eine geradezu leitmotivische Funktion zu. Immer wieder erwähne der Text Fabers Schweigen, seine ihm selbst unerklärliche Passivität angesichts des sinnlosen Unternehmens. Vergängnis, Verwesung, Tod und üppige, verschwenderische Wiedergeburt veranschaulichten in hohem Maße die Identität von Leben und Vergehen am Beispiel der tropischen Welt.

Faber gelangt erst wieder dann zu seiner ehemaligen Form, wenn er mit Technik in Berührung kommt. Im Zug nach Palenque, der mit Air-Condition ausgerüstet ist, beginnt Faber wieder zu fragen. Er bemerkt: „Die schwirrenden Vögel — nie ein Flugzeug." (S. 60) Solange es elektrischen Strom gibt, rasiert sich Faber. Er belebt sich geradezu, als endlich der Jeep zur Verfügung steht, und trifft die technischen Vorbereitungen zur Reise.

Dem veränderten Blick für die Natur entspricht ein veränderter Blick für die Menschen. Während Faber die Menschen früher anstrengend nannte, bezeichnet er sie jetzt als komisch. Während er früher von Träumen nichts hielt, registriert er jetzt fast verwundert, zumindest aber sich rechtfertigend, daß er einmal nicht von Hanna träumte. Offensichtlich verfolgt sie ihn dermaßen, daß er schon herausstellen muß, wenn er nicht von Hanna träumt. Er, der mit beiden Beinen im Leben stehen will, mißt Träumen ein gewisses Gewicht zu. Er versucht sich vorzustellen, wie es wäre, wenn es keine Technik mehr gäbe wie zur Zeit der Maya.

Auf der Strecke zur Plantage zeigt Faber Angst, auch — oder gerade wenn — er sie zu verneinen sucht. Angeekelt berichtet er über die Aasgeier. Wieder geht ihm vieles auf die Nerven, was bei ihm ein sicheres Zeichen für Lebensbeziehungsweise Todesangst ist. Immer deutlicher wird er sich der Totenstille um sich herum bewußt.

Daß noch keine Wandlung, sondern nur eine zögernde Veränderung in ihm vorgegangen ist, beweist das Gespräch mit dem amerikanischen Musiker und Ruinen-Liebhaber Marcel über den „American Way of Life", den Marcel Lebensstandard als Ersatz für Lebenssinn nennt. Daraufhin hat Faber nur die Frage, ob er Kommunist sei.

(S. 71) Bezeichnend ist auch sein Verhältnis zu geschichtlichen Denkmälern wie Ruinen, denen er nicht in vorstellungshafter Weise zu begegnen vermag.

Leben und Tod

Fabers Verhältnis zum Leben und zum Tode wird ganz deutlich angesichts der Leiche Joachims, der Selbstmord durch Erhängen begangen hat. Fabers erste Reaktion ist das Filmen, nachdem er sich gewundert hat, woher das noch spielende Radio den elektrischen Strom bezog. Er berichtet ganz sachlich über die Maßnahmen in der Plantage und läßt sich keinerlei Gefühl anmerken.
Hier fand wieder eine — für Faber typische — Verdrängung statt. Denn kurze Zeit später, auf dem Schiff, gesteht Faber, daß ihm immer wieder die Leiche seines Freundes vor Augen käme. Er fühlt geradezu etwas wie einen Zwang, von Joachims Selbstmord zu erzählen. Was Faber im ersten Moment — vermutlich, weil er männlich erscheinen will — an Gefühl zurückstellt, kommt später unbewältigt in ihm wieder hoch.
Dies ist bezeichnend für sein ganzes Leben. Faber, der immer wieder Gefühle verdrängt, der nicht in sich hineinschauen will, es schließlich auch nicht mehr kann, vermag dennoch nicht den unabänderlichen Gesetzen des menschlichen Lebens zu entgehen. Er will der Vergangenheit entfliehen, die ihn dennoch immer wieder einholt. Er vermag ja auch seiner Zukunft und seinem Ende nicht zu entgehen, und wenn er sich noch so sehr weigert, seinem Verfall ins Auge zu schauen. „Fabers Verhältnis zum Tode äußert sich in der mechanisch-geschäftlichen Weise, die sein Verhalten in dieser Situation charakterisiert: Fotografie, Geschäftsbrief und Bericht sollen die Wirklichkeit des Todes dokumentarisch belegen." (Jurgensen, a.a.O., S. 121)
Schon in New York, nach Rückkehr von seinem Guatemala-Abenteuer, beginnt Faber jedoch um Joachim zu

trauern. Er bezeichnet ihn als den einzigen wirklichen Freund. Dies schließt zugleich die Erkenntnis ein, daß alles, was danach an menschlichen Beziehungen kam, nur noch eine halbe Sache war.

Statistik

Interessant ist zugleich bei Fabers Rückkehr nach New York seine ganz unterschiedliche Handhabung der Statistik im Gegensatz zu seinen ersten Bemerkungen über Wahrscheinlichkeiten — bei seiner Frage nach Zufall oder Schicksal — oder gegenüber den statistischen Beispielen, die er Hanna während der Krankheit der Tochter oder sich selbst kurz vor der Operation gibt. Er gebraucht sie hier zum einzigen Mal, gegenüber Ivy, um eine negative Überzeugung hervorzurufen; was würde es ihm nützen, wenn eine Anzahl von Flügen gutginge, wenn er ausgerechnet in einer Unglücksmaschine säße. Mit anderen Worten: er gebraucht die mathematische Berechnung immer nur zur Unterstützung seiner schon gewonnenen Überzeugung, oder aber, um jemandem einen Glauben aufzuzwingen. Mathematik als Unterstützung eines Credo — dies ist eine Ironie, die Faber nicht begreift. Während Faber sonst stets zu belegen versucht, daß die Wahrscheinlichkeitsrechnung für den einzelnen aufgeht, bedient Faber sich jetzt der Mathematik, um ihre persönliche Unverbindlichkeit unter Beweis zu stellen.

Nach der endgültigen Trennung von Ivy findet die Begegnung mit Sabeth statt, eine Begegnung, die Faber wiederum dem Zufall zuschreibt, ohne hier eine gewisse Gesetzmäßigkeit wahrhaben zu wollen. Gewiß war es eine Zufälligkeit, daß ihn der Anruf der Reederei noch erreichte, aber warum? Weil es Faber auf die Nerven gegangen war, daß einer seiner Apparate nicht funktionierte. „Ich wollte wissen, was los ist", sagt Faber zu dieser Situation. Und in Wirklichkeit weiß Faber nie, was eigentlich los ist. „Hier wird der unwissenschaftliche Zufall gar mit der Technik in einen káusalen Zusammenhang gesetzt." (Jurgensen, a.a.O., S. 132)

Sabeth

Daß mit der Schiffsreise wieder ein Schritt nach vorn getan wird in der Entwicklung Fabers, ist schon allein an seiner Stimmung spürbar. Er freut sich über die Reise und wie ein Jüngling auf das Leben, ein Gefühl, daß er schon lange nicht mehr hatte. Hier nun findet die Begegnung mit Sabeth statt. Er sieht sie sehr bald auf dem Schiff, auf dem er es genießt, unerreichbar zu sein. Aber gerade hier erreicht ihn das Schicksal in Gestalt des Mädchens, das er zunächst nur von hinten sieht, quasi angedeutet. Hätte er sich nicht interessiert, er hätte sie nicht weiter kennenlernen müssen. Insofern kann er keinem Zufall die Schuld geben, sondern nur sich selbst, der nicht umhin konnte, sein Schicksal zu erfüllen. Hans Geulen schreibt: „Der Ausfall alles Landschaftlichen, ... die einförmige Umgebung des Wassers, der monotone Verlauf der Tage, das nach allen Seiten hin offene Deck etc. führen den Reisenden zwar unmerklich in ein Verhältnis zu sich selbst, das aber dauernd überspielt wird von der Neugierde für seine menschliche Umgebung. Im vorliegenden Falle tritt die Gesellschaft der Reisenden, die für die Zeit ihres Beisammenseins immer den eigentümlichen Fall einer Schicksalsgemeinschaft darstellt, kaum in den Vordergrund, und die Erzählung konzentriert sich vorwiegend auf das Miteinander von Sabeth und Faber. Trotzdem erweckt es den Eindruck, als ob sie einander suchten und anzögen durch die aufdringliche Mannigfaltigkeit eines zwischengeschalteten Schiffs- und Reisebetriebs." (a.a.O., S. 42)
Zufall war es, daß Sabeth beim Verteilen der Tischkarten direkt vor Faber zu stehen kommt und daß ihr Pferdeschwanz immer direkt vor seinem Gesicht baumelt. Ihm fällt ihre große Jugend auf, die im Gegensatz zu fast allen

anderen Passagieren steht. Faber versucht ihr Gesicht zu erraten. Aus Zeitvertreib, sagt er.
Mehr als Zeitvertreib war es offenbar doch, denn kurze Zeit später gesteht Faber bei einem Bummel über Deck, daß das jetzt von vorn zu sehende Mädchen mit eben dieser Person identisch sein mußte, denn „jedenfalls war die andere nirgends zu finden." (S. 101) Faber hatte offensichtlich nach dem Mädchen gesucht, das ihn wohl beeindruckt hatte durch seine Gesten und seine Jugendlichkeit. „Faber versucht hier erstmals, sich eine lebendige Identität als Gegenüber vorzustellen. Gerade als Individualität, gerade im Gesicht bleibt das Mädchen merkwürdig. Der Techniker ist auf dem Wege, das Geheimnis der Persönlichkeit zu erfahren." (Jurgensen, a.a.O., S. 126)
Von Anfang an mutet ihr Verhältnis tragisch an. Das Mädchen, dem Faber zunickt, erkennt ihn nicht. Wieso auch, fragt sich der Leser. Wenn er hinter ihr gestanden und ihr Gesicht nicht gesehen hatte, konnte sie ihn gar nicht bemerkt haben. Aber er ist enttäuscht. Es ist von seiner Seite von allem Anfang an eine unlogische Trauer um diese Begegnung, die durch nichts zu rechtfertigen ist als — durch das von Faber geleugnete — Schicksal und eine Erkenntnis, die ihm natürlich noch verschlossen bleiben muß. Er weiß ja nicht, daß es seine Tochter ist, die ihn in dieser unerklärlichen Weise anzieht. „Das Mädchen sah mich gar nicht", klagt Faber, der so tut, als beobachte er sie nicht, während sie Pingpong spielt.

Desillusionierung und Spannung

Dem Leser wird mit der eingeschobenen Vorausschau die Tragik dessen, was kommen wird, ganz deutlich gemacht. Durch den Einschub weiß man, daß Faber durch diese Begegnung das junge Mädchen zerstören wird, er weiß auch, daß dieses junge Mädchen die Tochter Fabers ist.

Alles weitere wird nun in einem anderen Licht gesehen, wird wissend aufgenommen. Es geht nicht mehr darum, was geschehen wird, sondern wie es sich ereignet, wie sich Faber dazu stellt und was seine Schuld ausmacht. Durch diese vorausblickenden Einschübe hat Frisch gewissermaßen die Desillusionierung des epischen Theaters von Brecht auf den Roman übertragen, und zwar in einer Weise, die nicht stört, im Gegenteil sogar von Vorteil ist, auch nicht spannungstötend wirkt, sondern stattdessen eine Art von Spannung erzeugt, eine bewußtere und damit hilfreichere, als es die reine Neugierde über den Fortgang der Geschichte wäre.

Liebe als Lebenslüge

Fabers Nicht-wissen-Wollen drückt sich auch in der Erklärung aus, er habe sich nicht in seine Tochter verliebt. Dies ist nur die halbe Wahrheit. Nachträglich gesehen hält er es für unmöglich, sich in seine eigene Tochter verliebt zu haben — weil nicht sein kann, was nicht sein darf. Daß er sich halt doch verliebt hatte, davon zeugt das Geständnis von der Nacht in Avignon. Und doch — irgendwie hat Faber möglicherweise recht, weil es nicht ein übliches Sich-Verlieben war. Geulen meint: „... denn es ist nicht Liebe, was er empfindet, sondern Verwunderung, Staunen, Glücklichsein angesichts der unbekannten, anspruchslosglücklichen Jugend dieses Geschöpfs, die ihn anzieht, deren Freude und Sich-Freuen auf die Zukunft ihn eifersüchtig macht, da er nicht weiß, wie sie beschaffen ist, diese Freude, wo sie herkommt und worauf sie zielt. Was ihn anzieht, ist darüberhinaus, daß Sabeth ihn fesselt, kein ‚Efeu' ist, ihn im Grunde genommen nicht braucht und deshalb nicht überfordert." (Geulen, a.a.O., S. 69)
Entscheidend ist wohl für Fabers Gefühl zu Sabeth darüberhinaus die Erinnerung an Hanna. Er weiß selbst nicht, warum er in der Gesellschaft und durch die Gegenwart von Sabeth so häufig an Hanna denken muß. Irgendetwas

in ihren Bewegungen erinnert ihn wahrscheinlich, in ihrer Mimik, denn die eigentliche Gestalt ist Hanna nicht sehr ähnlich, auch die Haarfarbe ist anders. Dennoch geht Faber so weit, Hanna auf dem Schiff sogar zu suchen — er ist sich ihrer Gegenwart bewußt, weiß nur nicht, daß diese Gegenwart sich in der Tochter verwirklicht. Nach der intimen Begegnung in Avignon denkt Faber weniger an Hanna, vielleicht ein unbewußtes Wegschieben einer Ahnung, die ihn ins Verderben stürzen würde. Außerdem bekommt das Mädchen durch diesen Vorgang für ihn natürlich ein ganz besonderes Eigengewicht, da die bis dahin geistige Liebe nunmehr von körperlicher Realität überdeckt wird. Aber diese Begegnung wirkt dennoch zugleich unerklärlich schwach auf Faber. Es wird auch nirgendwo angedeutet, daß ähnliches noch einmal vorgekommen ist. Die Beziehung blieb trotz allem mehr eine verinnerlichte Begegnung als eine körperliche.

Die noch ganz junge Beziehung zu Sabeth in den ersten Tagen ist ein bezaubernd schüchternes Verhältnis eines alternden Mannes zu einem blutjungen Mädchen. Sie wissen im Grunde gar nicht, worüber sie sich unterhalten sollen. Schon kommt die erste Eifersucht Fabers, ohne daß er überhaupt eine Beziehung zu dem Mädchen hat. Während er es noch leugnet, hat sie die Eifersucht mit dem untrüglichen weiblichen Instinkt dafür bereits erkannt und spielt sie aus. Rein „zufällig" begegnet er ihr und ihrem jugendlichen Freund bei seinem abendlichen Spaziergang auf dem Schiff, und natürlich stört ihn diese Begleitung von Sabeth, was gerade durch das konstante Leugnen „Was ging's mich an" (S. 104) deutlich wird. Daß Sabeth sich auch ihrerseits Gedanken über den wahrscheinlich in ihren Augen eigenartigen Einzelgänger macht, wird aus ihrem Bemühen ersichtlich, ihn ins Gespräch zu ziehen, weil er sich einsam fühle.

„Sie ... spürt mit dem Scharfsinn der Jugend in Faber den Außenseiter, dessen provozierende Gespräche über Kybernetik und Mathematik sie amüsieren und nachdenklich stimmen; denn sie fühlt das Absurde in der Augenscheinlichkeit seiner Worte. „... die Maschine erlebt nichts, sie hat keine Angst und keine Hoffnung, die nur stören, keine Wünsche in bezug auf das Ergebnis, sie arbeitet nach der reinen Logik der Wahrscheinlichkeit, darum behaupte ich: Der Roboter erkennt genauer als der Mensch, er weiß mehr von der Zukunft als wir, denn er errechnet sie, er spekuliert nicht und träumt nicht, sondern wird von seinen eigenen Ergebnissen gesteuert (feed back) und kann sich nicht irren; der Roboter braucht keine Ahnungen −', um das Leben bestehen zu können, müßte man ergänzen. Das Loblied auf die Technik preist, was sie nicht zu geben vermag: Freude zum Beispiel, die sich nur dann entfalten kann, wenn alle Lebensäußerungen des Menschen harmonisch zusammenklingen. Dieses In-sich-Ruhen verkörpert Sabeth. „Ich staunte manchmal, wie wenig sie brauchte, um zu singen, eigentlich überhaupt nichts.' Lebenssinn statt Lebensstandard." (Ursula Roisch, a.a.O., S. 102)

Sabeth nimmt diese Argumentation Fabers nicht ernst. Sie nennt ihn komisch und runzelt die Brauen wie immer, wenn ihr ein Spaß eigentlich mißfällt. Sie erkennt mutmaßlich den Widerspruch zwischen den von Faber für sich selbst gewünschten Eigenschaften des Roboters und der eigentlichen Existenz dieses Mannes, der seinen Wünschen und Hoffnungen nicht entgehen kann und sich − im Gegensatz zu den Fähigkeiten des Roboters − verliebt. „Der Dialog dieser menschlichen Komödie gipfelt in Fabers Behauptung, daß Skulpturen ‚Vorfahren des Roboters' seien. Provozierend argumentiert er: ‚Die Primitiven versuchten den Tod zu annullieren, indem sie den Menschenleib abbilden − wir, indem wir den Menschenleib ersetzen. Technik statt Mystik!'" (Jurgensen, a.a.O., S. 130)

Faber und Sabeth ziehen sich an und sind sich doch fremd. Wenn er ihr vom Tod Joachims erzählt und nicht eigentlich weiß, was er berichten solle, so drückt sich darin seine Verbundenheit mit diesem Mädchen aus, dem er derartige Erlebnisse anvertrauen möchte. Wie fern sie

doch einander sind, merkt man bei dem Besuch im Maschinenraum des Schiffes. Sie begreift technische Dinge zwar überraschend schnell als nur wenig mathematisch vorgebildetes Mädchen, aber ihre Phantasie geht im „Schiffsbauch" ganz andere Wege. Sie denkt an Haifische, während er auf die Konstruktion zeigt. Daß sie überhaupt mit ihm in diesen Raum gegangen ist, beweist ihre Suche an eine Annäherung.
Hier im „Mutterleib der Technik" (Jurgensen) überkommt Faber ganz deutlich das Verlangen nach körperlicher Nähe. Er will das Mädchen nicht anfassen, kann aber diesen Vorsatz nicht einhalten. Zuvor würde auch aus seiner nunmehr deutlich zutage getretenen Eifersucht gegenüber dem jungen Bekannten Sabeths (bei ihrer Seekrankheit will er sie nicht allein mit ihm lassen) und gegenüber anderen Mitreisenden, die sie zum Beispiel am Arm fassen, das stärker werdende Verlangen auch nach einer intimen Begegnung mit Sabeth deutlich. Zugleich macht er sich wieder etwas vor, wenn er behauptet, es interessiere ihn eigentlich nicht, ob Sabeth schon einmal mit einem Mann zusammengewesen sei. Als er später erfährt, daß sie bereits intime Kontakte hatte, reagiert er dennoch gefühlsbetont und enttäuscht — wieder einmal ein Beispiel dafür, wie Faber sich belügt.
Seine ihm selbst unerklärliche Sympathie zu dem Mädchen gipfelt in der plötzlichen Eingebung eines Heiratsantrages an seinem fünfzigsten Geburtstag, an dem Faber so etwas wie ein Katzenjammer über sein Leben ergreift. Instinktiv sucht er daraus einen Ausweg in dem Wunsch nach einem gemeinsamen Leben mit diesem jungen Mädchen, das für ihn inzwischen ein guter — und fast der einzige wirkliche — Gesprächspartner in seinem Leben geworden ist. Von diesem seinem ersten Heiratantrag berichtet Faber in übertriebener Nüchternheit, als schäme er sich nachträglich noch dieser Regung. Merkwürdig ist, daß es sein erster Heiratsantrag gewesen sein soll, obwohl er mit Hanna bereits auf dem Standesamt gestanden hat. Hieraus wird noch einmal ersichtlich, daß seine damalige Eheentschei-

dung eine reine vernunftsmäßige Übereinkunft zwischen beiden war, aus der Hanna denn auch die richtigen Konsequenzen zog.
An diesem Abend, der ihn gegen seinen Willen zur Rückschau zwingt, findet Sabeth ihn traurig. Bei ihm melden sich wieder die Magenschmerzen, er muß — ein krasser Widerspruch zu dem lustigen Karneval um ihn herum — an Dschungel und hungernde Aasgeier denken, die er — noch unbewußt — mit seiner körperlichen Indisponiertheit in Zusammenhang bringt. Er muß sich Mühe geben, um nicht sentimental zu werden, und erwartet eigentlich keine Antwort von Sabeth auf seinen Heiratsantrag, erhält auch keine. Seine väterlich anmutenden Gefühle für Sabeth werden deutlich, wenn er sich um ihre Gesundheit Sorgen macht — Angst hat, sie könne sich erkälten —, ebenso wie in dem Wunsch, sie möge nicht per Autostop reisen und nicht Stewardess werden. Hier klingt eine Sorge um das Wohlergehen des Mädchens mit, die weder aus dem Grad ihres bisherigen Verhältnisses noch aus reinem Verliebtsein zu erklären wäre. Wenn Faber feststellt, sein Leben läge in ihrer Hand, (S. 134) so ist er sich der ganzen Tragweite dieses Ausspruchs noch nicht bewußt. Sabeths einzige Antwort auf seinen Heiratsantrag ist wiederum eine Frage, nämlich ob er es ernst meine. Die merkwürdige Situation hat die sich sonst so forsch gebende Sabeth offenbar tief erschüttert. Sie weint, und Faber küßt ihr die Tränen aus den Augen.
In dieser Szene wird bereits die ganze Tragik dessen, was kommen wird, von der Atmosphäre her vorweggenommen. Erschütternd auch der Ausspruch Fabers, sie sei ihm fremder gewesen als je ein Mädchen. Hier wird die ganze Armseligkeit seines Verhältnisses zu anderen Menschen sichtbar, sein Unvermögen, sich in den anderen zu versetzen, und auch der innere Widerspruch seiner selbst, da er ausgerechnet dem ihm angeblich fremdesten Mädchen künftig sein Leben anvertrauen will. Daß ihm der Gedanke an Heirat von ihr einsuggeriert wurde, macht er

sich nicht klar. Sabeth war es, die ihm sagte, er solle heiraten. (S. 131) Der junge Begleiter Sabeths hat den Wandel in der Beziehung zwischen dem Mädchen und Faber registriert. Er bittet erst den älteren mit einem Blick um Erlaubnis, mit Sabeth tanzen zu dürfen, er, den zunächst Faber um Erlaubnis für ein Spiel mit ihr gebeten hatte.

Spiegelbild

Zu einer ersten äußerlichen Selbstbegegnung wird Faber in einem Pariser Restaurant gezwungen. Er sieht sein verändertes Bild im Spiegel und nennt die ihn überkommende Angst Nervosität. „Sein Spiegelbild verwandelt sich vor seinen Augen in ein ‚Ahnenbild': röntgenhaft offenbart der Spiegel seinen wahren Gesundheitszustand." (Jurgensen, a.a.O., S. 135)
Er, der Minderwertigkeitsgefühle haßt, kann ihnen aufgrund des Vorschlages nicht ausweichen, Urlaub zu machen. Faber fühlt sich abgeschoben, zur Seite gedrängt. Wohl sehend, daß er nicht mehr der alte ist, und wohl bei seinem Magen die Quelle seines körperlichen Verfalls spürend, versucht er sich durch Einreden seiner Unersetzbarkeit einen Lebenssinn zu geben. Seine Angst vor dem Sich-Erkennen in den unzähligen Spiegeln rings um ihn her in dem Lokal umschreibt er mit „ekelhaft". Das Lokal ist ein Sinnbild für das Leben, wo er sich auch in allen Reflexionen erkennen könnte, aber aus Angst nicht erkennen will. Seine Ausflucht — der Ekel. „So besitzt der Spiegel hier eine doppelte Funktion: einerseits offenbart er den moribunden Zustand des Bespiegelten, andrerseits wird er zum Ausdruck seiner Beziehungslosigkeit den Mitmenschen gegenüber" (ebd.).
Als Gegenpol zu seinem offensichtlich zu Ende gehenden Leben erinnert sich Faber der ersten Beziehung zu einer Frau, die er — wann immer er will — aus dem Gedächtnis zu streichen vermag. Es war eine insgesamt

unerfreuliche Beziehung zur sterbenskranken Frau seines Lehrers, die er eigentlich nicht begriff und deretwegen er sich sicherlich auch schämte — ganz abgesehen von dem schlechten Gewissen dem Lehrer gegenüber. Im plötzlich wieder ganz wach werdenden Bewußtsein seiner verpaßten Liebe zu Hanna gesteht er: „Nur mit Hanna ist es nie absurd gewesen." (S. 141) Im krassen Widerspruch dazu steht dann das kommende Erlebnis mit Sabeth, die intime Begegnung mit der eigenen Tochter, das Absurdeste überhaupt.

Nachholen der verpaßten Liebe

Die anschließend geschilderte Begegnung mit Sabeth fügt sich auf das Merkwürdigste an diesen Satz an. Scheint es doch zunächst so, als ob mit dem „wir" bei dem Frühlingstreffen in den Tuilerien Hanna und Faber gemeint sind. Hier schließt sich der Kreis des Schicksals um Faber, hier ist er unentrinnbar dem kommenden Geschehen ausgeliefert, weil er bewußt das Wiedersehen mit dem Mädchen, das für ihn im Grunde nur eine Wiederholung der nicht absurden Liebe mit Hanna bedeutet, betrieben hat. Unbewußt will er die Beziehung, die er damals abgebrochen hatte, in seiner Tochter fortsetzen. Die Verknüpfung zur Schicksalstragödie antiken Ausmaßes wird deutlich, wenn Faber sich — erstmals in seinem Leben im Louvre — „unten bei den Antiken" bewegt.

Eine Verknüpfung zwischen der nun schon nicht mehr einmaligen Aufgabe dienstlicher Zuverlässigkeit (Faber kommt verspätet zur Konferenz) und dem körperlichen Verfall Fabers ist die Begegnung mit seinem alten Züricher Professor, der einst Fabers Vorbild war. Auch der Professor leidet an Krebs, er ist das Spiegelbild Fabers, eine abgewandelte Wiederholung des Totenspiegels aus dem Pariser Restaurant. Wie erschreckend ist die Stelle, wenn Faber von der offenbaren Unwissenheit des Professors über seinen eigenen Zustand berichtet und sich nicht verdeutlicht, daß es ihm genauso geht. Aber nachdenklich wird Faber doch durch diese Begegnung, denn die Konferenz geht den sonst so dienstbeflissenen Faber, der nicht ohne Arbeit sein kann, nichts an. Es berührt Faber doch sehr, daß dieser Professor am Ende seines Lebens offensichtlich seine eigenen Lehren Lügen straft. Völlig verunsichert nimmt Faber Urlaub und erlebt im Warten auf Sabeth in einem Café eine ganz intensiv glückliche Stunde, ein für Faber ganz unübliches Gefühl der Bewußtwerdung, das seiner sonstigen Lebenseinstellung widerspricht.

Doch sofort kommt wieder der Rückfall in die Selbstbelügung bei der Reflexion, in der es um die Befürwortung des Schwangerschaftsabbruchs geht. Faber verschanzt sich dabei hinter Allerwelts-Meinungen, bloß um sein Gewissen zu beruhigen wegen der Tatsache, daß er dieses Mädchen, das er so liebt, hatte umbringen wollen. Damit bezweifelt er im Grunde Sabeths Berechtigung auf ihre Existenz und bringt sie noch vor ihrem eigentlichen Tode bereits mit seinen gegen sie gerichteten Argumenten um. Daß Faber diese Sätze nach dem Tode Sabeths schreibt, beweist seine selbst zu diesem Zeitpunkt noch vorhandene Blindheit gegenüber dem wahren Leben, das auch die Anerkenntnis des Schöpferischen außerhalb des Menschen und seine Verantwortung dieser Kraft gegenüber einschließt. In seiner Reflexion kommt er wieder auf die zentrale Frage seines Lebensberichts nach dem Schicksal zurück und beantwortet sie — auch nach dem nunmehr schriftlich vollzogenen und damit besonders eindringlichen Rückerinnern der schicksalshaften Wendung seines Lebens — unverändert wie zu Anfang, wie vor diesen tragischen Ereignissen. Faber setzt den Dschungel, der ihn anekelt, mit dem nicht zu beherrschenden Schicksal gleich, das er nicht wahrhaben will. Walter Faber wird in dieser Betrachtung so recht eigentlich zum Homo faber, der sich als technischer Beherrscher der Natur sieht, der nur diese Seite gelten läßt und die abgedroschensten Formeln verwendet, die nicht unterscheiden können zwischen einer strikten und völligen Ablehnung der Technik und ihrer hundertprozentigen Bejahung. Daß ein denkender und gebildeter Mensch das eine tun kann, ohne das andere zu lassen, leuchtet diesen Beweisführern nicht ein: warum nicht Anerkenntnis der Vorteile, die der Fortschritt für die Menschen bietet, und zugleich ein Zugeständnis an die höheren und unerreichbaren Mächte, die der Mensch nicht beherrscht, und von denen er geleitet wird.

Frisch redet hier nicht von Gott — er ist kein christlicher Schriftsteller, der die christliche Ethik ins Spiel bringen will. Doch Frisch ist ein Moralist, der sich schon durch seine Problemkreise bekennt zu dem Unbegreiflichen über dem Menschen, der diesem erst die Relation gibt. Er führt die „Beweise" ad absurdum, es gebe keine überirdische Macht, weil durch die moderne Technik — zum Beispiel durch die Weltraumfahrt — klar geworden sei, daß hinter den Wolken kein lieber Gott mit langem weißen Bart sitze. Natürlich nicht so krass, aber ebenso dumm argumentiert Faber, der Ingenieur, der sich selbst nicht in der Hand hat, diesen Menschentypus jedoch zum Beherrscher der Welt deklarieren will. „Der ‚Mensch als Ingenieur' kann, solange er menschlich bleibt, die menschliche Natur nicht vollends bestimmen. Darin liegt ein von Faber unbeabsichtigter und ihm selbst unbewußter Trost. Nicht die Natur, sondern die Technik wird ‚als Götze' verehrt. Daß die Technik der menschlichen Natur zu dienen habe und nicht etwa umgekehrt, scheint dem ‚Homo faber' nie aufgegangen zu sein." (Jurgensen, a.a.O., S. 141)

Modifizierte Lebenssicht

Eine modifiziert andere Einstellung zum Dasein wird ganz deutlich in den Schilderungen der Reise von Faber und Sabeth durch Frankreich und Italien. „Von Amerika über Frankreich und Italien führt sein Weg zur Erkenntnis und zugleich zum Untergang. Im Land der Technik schien ihm das Dasein einer makellosen mathematischen Gleichung zu ähneln. In Frankreich verleiht ein Liebesabenteuer seinem Leben jenen Reiz, der sich der Berechnung entzieht. In Italien läßt ihn die große Liebe den tragischen Konflikt ahnen. In Griechenland greift das Schicksal in sein Leben mit der Grausamkeit der antiken Götter ein." (Reich-Ranicki, a.a.O., S. 98) Faber bekennt in seinem „Rechenschaftsbericht", er sei glücklich gewesen, weil auch das Mädchen — wie er glaubte — glücklich war. Dies ist ein ganz neues Erlebnis für Faber, der erstmals seinen Egoismus, seine Egozentrik aufgibt und sich auf den Partner einstellt: er ist glücklich über das Glück des anderen. Daß er dabei den anderen noch nicht so recht durchschaut und nicht hundertprozentig dessen Gefühle einzuschätzen weiß, ist ein ihm eigenes Manko. Bedeutsam ist jedoch, daß er sich überhaupt um den anderen bemüht. Lebte Faber zum Beispiel an Ivy völlig vorbei, hatte er auch früher bei seiner Liebe zu Hanna die partnerschaftliche Beziehung vermissen lassen, jetzt — in der Tochter — holt er dies nach.

Mit dem Glück über das Mädchen wächst Fabers Eifersucht — dieser Neid auf alles, was sie ihm voraus hat, dieses Bedauern vielleicht auch darüber, nie so aufnahmebereit und dabei voller Jugend gelebt zu haben wie Sabeth, die im Grund nichts braucht zu ihrem Glück. Es ist das Neiden eines Armen einem ihm weit überlegenen innerlich Reichen gegenüber. Dieses Mädchen ist für ihn eine stete Quelle des Staunens, sie ist ihm — da hat er durchaus recht — fremd wie noch nie ein Mädchen, bis auf Hanna wahrscheinlich. Sie ist für ihn die Verkörperung des Phantastischen, mit ihrer kindlich-naiven Freude, der künstlerischen wie auch mathematischen Begabung, ihrer unbekümmerten und dabei durchaus nicht unreflektierten Haltung zum Leben und zum Mitmenschen. Sabeth, die Fabers Gefühle richtig einzuschätzen weiß, die sich Gedanken über ihn macht, die mit einer geradezu rührenden Innigkeit die Vielfalt des Lebens in sich aufnimmt — vor alledem steht er wieder wie vor einem Traumbild. Je mehr Sabeth ihn fasziniert, umso mehr denkt er an Heirat. Er wünscht die Verbindung auf Dauer mit ihr, weil er Angst hat, dieses Glück zu verlieren. Und seine Eifersucht richtet sich gegen alles, was ihm dieses Mädchen wegnehmen oder es nur mit ihm teilen könnte. Diese Eifersucht ist eine neue Existenzangst Fabers, die sich nicht in Nervosität äußert wie sonst seine Angst vor den körperlichen Unzulänglichkeiten, sondern es ist die Angst davor, den Lebenssinn, den er nunmehr gefunden zu haben glaubt, zu verlieren.

Es ist ein widersprüchlicher Bericht, den Faber von diesen Tagen der Reise mit Sabeth gibt. Neben dem Glück wird die ganze Unseligkeit der Verbindung deutlich sowie Fabers Ungenügen an sich selbst („Ich nahm mich selbst nicht ernst" (S. 154)). Er schämt sich, weil er sich in seinen Erzählungen wiederholt, und ist zugleich skeptisch hinsichtlich seiner Zukunft, hat Angst vor der Wiederholung („Hätte ich von der Zukunft etwas zu erwarten, was ich nicht schon kenne? (S. 155)) Er kommt sich vor wie ein alter Mann, der längst verlernt hat, was Jugend ist. Sabeths Freude auf die Zukunft macht ihn eifersüchtig, er beobachtet sie, verfolgt sie geradezu, obwohl es ihn langweilt, was sie unternimmt. Es ist die Langeweile des zum Erleben Unfähigen, und Faber langweilt das Mädchen mit seiner Lebenserfahrung, die — wie sie instinktiv erkannt hat — in Wirklichkeit gar keine ist. Offensichtlich wirft Sabeth ihm vor, sich nicht freuen zu können, es sei denn, über gutes Essen, denn gerade dies leugnet er, was bei Faber ja immer eine Art Eingeständnis ist. Dem entspricht die Schilderung dessen, was er genießt: den Campari. (S. 152) Ihrem Interesse an Kunst und am Leben überhaupt steht sein Interesse am Straßen- und Brückenbau sowie an Autos und dem neuen Bahnhof in Rom gegenüber. Noch immer klammert er sich an die Technik, wenn es ums eigentliche Leben geht, wobei das eine das andere ja nicht ausschließen muß. Sabeth verträgt Fabers Ironie nicht, seine „Schnoddrigkeit" dem Leben gegenüber,

seinen Zynismus. Die Reise war — wie Faber selbst feststellt — nicht immer leicht, und dennoch ein Höhepunkt in seinem Leben, der zerstört wird von der immer stärker werdenden Ahnung und schließlichen Erkenntnis, daß Sabeth die Tochter von Hanna ist.
Schon ohne das Bewußtsein von Sabeths Herkunft kommt sich Faber dem Mädchen gegenüber wie ein Betrüger vor. Er sieht sich immer mehr als ein Blinder, nachdem er doch früher geleugnet hatte, blind zu sein. Angesichts von Sabeths Kunstbetrachtung scheint es ihm, als könne er nicht sehen, was sie erkennt, und wird aus dieser erkannten Unfähigkeit heraus geradezu trotzig. Vor der schlafenden Erinnye hat er zum ersten Male eigene Vorstellungen. Der Mädchenkopf gefällt ihm und er überlegt, was sie wohl zusammenträume. Dies ist ein erster Beginn der Kunstbetrachtung. Bei Faber spielt aber wohl auch der Vergleich mit Sabeths Gesicht mit, bei dem er sich wahrscheinlich ebenfalls fragt, was sie wohl denken und meinen könne.

Halbe Wahrheit

Die Szenen, die eigentlich die volle Wahrheit an den Tag bringen müßten, sind voll Symbolik. Über die schlafende Erinnye, die schöner wirkt, wenn Faber bei ihr stehenbleibt, und Sabeths Fähigkeit der sachgerechten Kunstbetrachtung kommt das Gespräch auf die Mutter des Mädchens. Die Wahrheit von Sabeths Herkunft erfährt Faber auf einem Grabhügel an der Via Appia. Sabeth, die sich auf „unserem" Grabhügel an Fabers Brust legt, erinnert an die schlafende Erinnye; an diesem symbolträchtigen Ort kommt ihre ganze Ablehnung des „American Way of Life" zum Ausdruck, wenn auch nur andeutungsweise. Fabers Gedanken gehen zu Hanna, gehen nach Avignon, und im gleichen Atemzug nennt sie ihn, wenn auch im Spott, Papa.
Obwohl Faber die Erinnerung an Hanna in Abrede stellt und jede Ähnlichkeit Sabeths mit ihr leugnet, weil dies

nicht sein darf, stellt er die Frage nach dem Vornamen ihrer Mutter. Längst hätte ihm aus ihren Erzählungen aufgegangen sein müssen, daß sich seine erste Assoziation doch nicht als Trugschluß erwiesen hat. „Ähnlich wie bei den Gesprächen Faber und Herbert Hencke in der Wüste erwächst die Spannung aus der Schilderung der unterschiedlichen Aufmerksamkeit der Partner. Sabeth, die weiter über die Touristen schimpft, gibt nur oberflächlich Auskunft, bis Faber den Mädchennamen ihrer Mutter nennt und damit ihre volle Aufmerksamkeit weckt, während er selbst in erschöpftes Schweigen fällt." (Geulen, a.a.O., S. 70 f.)

In dem Moment, als Faber die Wahrheit erfährt, will er sich in die Technik flüchten. Am liebsten wäre er auf den Flugplatz gegangen. Wieder einmal weiß er nicht, was er damals eigentlich gedacht hat. Gewiß ist ihm nur sofort, daß eine Heirat aufgrund der Neuigkeit nicht infrage kommt — obwohl er sich noch nicht klargemacht hat, daß Sabeth sein eigenes Kind ist. Aber auch nur als Tochter Hannas erscheint ihm die Beziehung plötzlich pervers. Offenbar hat er doch die Möglichkeit erwogen, in Sabeth seine Tochter vor sich zu haben. Aber wieder einmal bricht seine Lebenshaltung durch, daß er nicht wahrhaben will, was nicht wahr sein dürfte. Es ist Faber zu unglaublich, daß ausgerechnet er, der berechnende Ingenieur, mit dem eigenen Kind Blutschande betrieben haben soll. „Was die ‚rechnerische Seite' der Angelegenheit betrifft, so ist er zwar in der Lage, auf einer Zigarettenschachtel das Prinzip der Kommunizierenden Röhre zu skizzieren, ... verrechnet sich aber bei Sabeths Lebensalter um ein Jahr." (ebd.)

Faber überprüft seine Rechnung sogar schriftlich, er genießt es, die Zahlen hier wiederum zu einem Glaubensbekenntnis zu machen, wie er es sonst mit Statistiken tut — auch immer in dem Sinne, der ihm nützt. Faber wählt absichtlich die Zahlen aus dem vergangenen Leben so, daß ihm ein Stein vom Herzen fallen kann. Nachdenklich macht ihn allerdings der Gutenachtgruß des Portiers im Hotel, der Sabeth als Miß Faber bezeichnet,

obwohl so auch ihre Anmeldung lautete. „Ich stand, ohne mich auszuziehen. Wie ein Apparat, der die Information bekommt: Wasch dich! — aber nicht funktioniert." (S. 173)
Daß Faber in der Nacht keine Ruhe findet, liegt offensichtlich nicht nur an der schlafenden Sabeth in seinem Arm. Sabeth hat — die Unsicherheit und Unruhe Fabers spürend — Angst davor, daß er fortgeht. Es kommt zu keiner körperlichen Berühung mehr, Faber ist voll angezogen, und er spürt Sabeths Wärme wie die eines Kindes, er spricht von einem „Bündel mit heißem Haar und Atem". (S. 174) Er selbst ist nicht fähig, vorwärts zu denken, will wahrscheinlich nicht vorwärts denken, wie er oftmals überhaupt nicht denken will.
Die Szene im römischen Hotel enthält eine unterschiedlich zu interpretierende Symbolik. Jurgensen meint zu der Schilderung des unaufhörlichen Dröhnens eines Alfa Romeo in den Straßen: „So wird die nächtliche Umarmung, die menschliche Geborgenheit, die Sabeth glaubt, in Walters Armen gefunden zu haben, mit einer bedrohlichen Technik kontrastiert, die sich als ‚Vollgas im Leerlauf' aufzwängt." (a.a.O., S. 147) Geulen dagegen sieht darin „eine gewagte, aber immerhin gemäße Modifikation: die antiken Erinnyen in Gestalt eines Alfa Romeo." (a.a.O., S. 71)
Diesem Nachterlebnis folgt das nunmehr voll ausgesprochene Geständnis Fabers, mit der eigenen Tochter intime Beziehungen gehabt zu haben. Beide erleben eine Mondfinsternis in Avignon, ein durchaus erklärbares Naturereignis, das sie dennoch aus der Ruhe bringt, gerade auch den Ingenieur Faber. Immer noch steht er kopfschüttelnd vor diesem Phänomen seiner selbst. Faber überkommt die Vorstellung von der in der Finsternis schwebenden beziehungsweise sausenden Erde und redet von Leben und Tod, ungewöhnlich für den sonst sich so „schnoddrig" gebenden Techniker. Was dann zwischen ihm und Sabeth geschieht, entschuldigt Faber damit, daß es das Mädchen war, das in sein Zimmer kam, das also die Initiative übernahm.

Diese Roman-Szenen stellen den ersten Höhepunkt des Werkes dar, sowohl vom Geschehen wie in der Gestaltung; wird hier doch in unglaublich gelungener, zweischichtig angelegter Erzählweise die ganze Hoffnungslosigkeit dieser Liebe in Schuld ahnungsvoll vorweggenommen.
Nach dem Geständnis des Inzests springt der Bericht über zur Begegnung mit Hanna, einige Zeit nach der römischen Nacht. Faber erkennt sie sofort, noch mit geschlossenen Augen. Er weiß, daß er sich gegenüber Hanna zu verantworten hat, daß er vor Hanna „erwachen" wird. Wie ihre Tochter sieht Faber auch Hanna zunächst von hinten. Ein scheinbarer Widerspruch ist die Feststellung, Hanna sei eine Fremde, und andererseits die Bemerkung, es sei ihm nicht in den Sinn gekommen, daß sie zwanzig Jahre nicht miteinander gesprochen hätten. Und doch ist auch dies logisch — Hanna ist Faber ja immer fremd geblieben. Das Gespräch zwischen beiden läuft betont sachlich, beginnt ohne Begrüßung, so, als werde hier ihr seit langen Jahren unterbrochenes Verhältnis ohne Bruch fortgesetzt, als habe es die Trennung gar nicht gegeben. Faber ist beeindruckt von Hanna, von ihrem Verstand und ihrer Sachlichkeit, der er das Lob zollt, so hätte sich auch ein Mann, ein Freund, verhalten können. Hannas gefestigte Haltung steht in offenem Kontrast zu den Namen „Schwärmerin" und „Kunstfee", die er ihr früher gegeben hatte.
Dieses Gespräch im Athener Krankenhaus steht bereits hinter dem Fluch von Sabeths Unfall, der Faber aufgrund seiner Schuld getroffen hat. Von Anfang an ist die Frage im Raum, was Faber mit dem Kind gehabt habe. Auf der anderen Seite ist es Fabers unsichere Frage, wer denn der Vater von Sabeth sei. Beide weichen sich aus. Es gibt immer nur Fragen und keine Antwort, da beide ja ahnen, daß der andere die Wahrheit weiß oder zumindest fürchtet. Immer näher rückt Faber an die furchtbare Erkenntnis, die er eigentlich schon weiß. Wenn er allein ist, überkommt ihn eine stumpfe Verzweiflung, ein hilfloser Zustand wie angesichts des Dschungels, mit dem er

seelisch nicht fertig wurde. In der Badewanne in Hannas Wohnung wünscht er nur noch, nicht gewesen zu sein, um allem Wissen enthoben zu sein. Er will seine Wirklichkeit nicht wahr haben, weiß sie also schon. Absichtlich hat er die Badezimmertür nicht abgeschlossen, so daß Hanna, wenn sie wollte, ihn mit der Axt erschlagen haben könnte. Hier wird ein Bezug zur griechischen Klytämnestra geschaffen, eine Rolle, die Faber unbewußt in diesem Stadium der Tragödie Hanna zugedacht hat.

„Es ist wohl mehr als ein Kunstgriff, daß Frisch Walter Faber erst in Gegenwart Hannas die Ereignisse, die zur letzten Station ihrer Tragödie geführt haben, rückblickend und gleichsam rekonstruierend berichten läßt. Der Schlangenbiß, der Sabeths Blut vergiftet, ist offensichtlich eine symbolische Wunde, die das Böse der Blutschande versinnbildlicht. Für Walter gibt es angesichts dieser verzweifelten Lage nur zwei Hoffnungen: ‚entweder kommt ein Motorfahrzeug, das uns aufnimmt', oder die statistisch belegbare Wahrscheinlichkeit des Überlebens eines solchen Schlangenbisses verwirklicht sich auch in diesem Falle." (Jurgensen, a.a.O., S. 150)

Faber kontra Hanna

Über Statistik kommt es denn auch zu einem der aufschlußreichen Gespräche mit Hanna, wo sich beide Welten begegnen — der „Widerpart von Ratio und Seele, von Erklärbarem und Unerklärtem, von menschlichem Planen und der Verknüpfung unseres Tun und Handelns in ganz anderen Bereichen, von Leben als Addition und Leben als Gestalt". (Geulen, a.a.O., S. 16) Hanna versucht Faber klarzumachen, daß statistische Berechnungen im menschlichen Bereich nicht aufgehen können, daß sie eben nur eine Tochter hat und nicht hundert, und wenn diese eine Tochter unter den drei bis zehn zehn Prozent Sterblichkeitsrate liegt, ist der Verlust wiederum durch Rechenexempel nicht zu mindern.

Bei den Dialogen tritt erstmals auch Hannas Schuld an der Tragödie zum Vorschein: ihr egozentrisches Verhalten in Bezug auf ihr Kind. Sie will ein Kind ohne Vater, wie in einem späteren Gespräch ganz deutlich wird. Hätte sie ihr Kind nicht ganz für sich behalten wollen, hätte sie Sabeth über ihre Herkunft, über ihren Vater aufgeklärt, wäre der Gang der Ereignisse unmöglich gewesen.

Indessen kommt es zu einem fast offenen Kampf um das Mädchen, auf das auch Faber Ansprüche geltend macht, obwohl er die Existenz Sabeths schon vor ihrer Geburt in Frage gestellt hatte. Schon in den unterschiedlichen Namen für das Mädchen manifestiert sich dieser Kampf um den Menschen, der eigentlich beide verbinden sollte. Hanna nimmt aus gutem Grund eine krass ablehnende Haltung ein, wenn es um Faber und Sabeth geht. Ohne daß Faber sie verstehen könnte, erklärt Hanna: „... wir können uns nicht mit unseren Kindern nochmals verheiraten." Hanna hat erkannt, daß Faber kein Verhältnis zum Leben, also auch nicht zu Gegenwart und Vergangenheit, hat. Er, der so peinlich genau in der Angabe der Uhrzeit und des Kalenders ist, weiß die sich verwirklichende Zeit nicht einzuschätzen oder gar zu interpretieren.

Hanna dagegen, bei der „Götter zu ihrem Job gehören", weiß um Schicksal, redet von Mythen, und Faber steht völlig verblüfft vor dieser intelligenten Frau, für die „Ödipus und die Sphinx, auf einer kaputten Vase dargestellt in kindlicher Weise, Athene, die Erinnyen beziehungsweise Eumeniden und wie sie alle heißen" (S. 201), Tatsachen sind. Hanna spricht ohne Verwunderung von Überirdischem wie Faber von physikalischen Gesetzen. Hanna bezeichnet — wiederum sinnbildlich zu nehmen — ihren Beruf als Scherbenarbeit. „Die Unwiederholbarkeit einer menschlichen Begegnung wird ihr zur wesentlichen Einsicht. Alle menschlichen Bezüge existieren in der Zeit; der Versuch, die Vergangenheit ‚zusammenzukleistern', muß im menschlichen Erfahrungsbereich fehlschlagen, denn die menschliche Lebensgeschichte ist keine Kunstgeschichte." (Jurgensen, a.a.O., S. 153). Faber glaubt bei

Hanna eine berufsmäßige Verformung zu bemerken, wenn sie von ihren Göttern spricht, ohne zu bemerken, daß er selbst durch seinen berufsmäßigen „Gott Technik" erheblich deformiert ist. Ganz auszuschließen wagt er dies allerdings nicht. Ausdrücklich kommt die Rede auch auf Gott, mit dem Faber nach eigenem Geständnis nichts anfangen kann. Auch Hanna ist nicht in religiösem Sinne gläubig, sondern glaubt vielmehr an Schicksal und die Gesetze des Lebens.

Während Faber noch mit seinen Statistiken einem falschen Gott huldigt und einen falschen Glauben beschwören will, ahnt Hanna bereits den Untergang ihres Kindes. Zweimal sagt sie, sie werde keine Kinder mehr haben und ihr Leben sei verpfuscht. Sie sieht Faber nicht mehr in die Augen. Hanna entsetzt sich bereits jetzt vor Faber, der das unabänderliche, grausame Schicksal manifestiert. Sie verflucht den Vater ihres Kindes, der die Tragödie ins Rollen gebracht hat, an der sie selbst jedoch nicht ohne Schuld ist.

Sabeths Tod

Insgesamt dreimal berichtet Faber von Sabeths Unfall. Er umkreist gewissermaßen auch hier die ganze Wahrheit, bis sie am Unglücksort offenbar wird. Eine Szene von ganz großer Eindringlichkeit ist die Schilderung Fabers von der gemeinsam durchwanderten Nacht auf Akrokorinth, sein Wort-Vergleichsspiel mit Sabeth, das ihre Unterschiede so deutlich werden läßt. Sie finden Bildnisse, die ihre Furcht verharmlosen soll. Beide hat Angst ergriffen, die ahnen läßt, daß in ihrer immer vertrauter werdenden Gemeinsamkeit der Keim zum Ende gelegt ist. Unvorstellbar schön ist die Schilderung des Sonnenaufgangs und der Eindruck von Sabeth, die in ihrem Glücksgefühl singt, in voller Hingabe an das Leben.

Der letzte Bericht von dem Unglücksmorgen läßt dann sofort das Unheil deutlich werden, das in Gestalt Fabers über das Mädchen kommt. Sabeth stirbt nicht an dem

Schlangenbiß, sondern an dem Zurückweichen vor dem noch nackten Faber, das ihren Sturz in den Tod bewirkt. Sie stirbt folglich an ihrem Erschrecken und Grauen vor dem Mann, der ihr Vater ist, und einzig gnädig ist dabei, daß ihr durch den Tod die fürchterliche Wahrheit erspart wurde, die ohnehin ihr Leben zerstört hätte. „Als sie (Sabeth) durch den Schlangenbiß verletzt ist, weicht sie vor dem zu Hilfe eilenden Faber instinktiv zurück und zieht sich bei dem Sturz ihre tödliche Verletzung zu — das ist wie ein Urteilsspruch, als die Abgründe in seinem Verhältnis zu Sabeth aufbrechen." (G. Kaiser, a.a.O., S. 846)

Vor Sabeths Totenbett verliert Hanna die mühsam bewahrte Fassung und schlägt Faber ins Gesicht, der nurmehr um seine Augen bangt. Wieder kommt die Assoziation an Blindheit; Blindheit, die Faber nicht wahrhaben will. Während er sich später selbst am liebsten die Augen ausstechen möchte, nachdem er sehend geworden ist, verweigert er hier die sinnbildliche Strafe für seinen Fehler: nicht erkennen können und nicht erkennen wollen. Faber selbst sieht die tote Sabeth als eine Schlafende an. „Es ist weder Verstockung noch Lüge, dieses Gefühl Fabers, das ihn sagen läßt: Sie schläft. Im Gegensatz zu Hanna, die die Zusammenhänge durchschaut, die Zerstörung ihres Lebens erkennt und sich ihrer bewußten Verzweiflung überläßt, steht Faber vollkommen leer da, ohne Fähigkeit, zu begreifen, ohne Anlage und ohne Organ — wenn wir es einmal so nennen dürfen — für das entsetzliche Wesen dieses Todes, ein hoffnungsloser Irrtum er selbst." (Geulen, a.a.O., S. 76)

Wenn Faber schließlich feststellt, Sabeth hätte mit dem rechtzeitigen Erkennen des Schädelbasisbruchs ohne weiteres durch einen chirurgischen Eingriff gerettet werden können, so bleibt auch in Angesicht des Todes die Abrede der Schicksalhaftigkeit ihres Lebensendes bestehen. Im Grunde bleibt der Tod seiner Tochter für ihn ein sinnloses und durch reinen Zufall bestimmtes Ereignis. „Ihn, Faber, interessiert das Medizinische ungemein. Es gehört zum Klischee seiner Konvention. Gehört dazu wie all die geläufigen Redewendungen, die ‚unser Kind' sagen und ‚weiß wie Gips' und ‚sie schläft' und ‚was ändert das'. Dahinter steht die Leere, die absolute Kontakt- und Reaktionsfähigkeit. Ja, es scheint, als ob die einzige Regung, zu der dieser Homo faber noch fähig ist, darin besteht, daß er, der Entleerte, den Tod, das Aufhören des Lebens, tatsächlich als Schlaf begreift, als den letzten, den einzig möglichen und endlich befreienden Schlaf. Gleichzeitig und durchaus folgerichtig ist er bemüht, diesen Tod als das Werk des absoluten Zufalls zu definieren." (Joachim Kaiser, Über Max Frasch, a.a.O., S. 62)

Zweite Station

Die zweite Station in Fabers Leben ist zugleich auch seine letzte. Hat sie eine Veränderung gebracht, durch die die Aufteilung in zwei getrennte Stationen gerechtfertigt wäre, oder erklärt sich dies nur aus der unterschiedlichen Berichtssituation, jetzt im Krankenhaus?
Der erste Satz knüpft sinnbildlich an die letzten Ereignisse der ersten Station an. Fast klagend schreibt Faber: „Sie haben mir meine Hermes-Baby genommen ..." (S. 229), so wie er eigentlich hätte geklagt haben müssen, sein Kind sei ihm genommen worden. Der reale Firmen-Name der Schreibmaschine, dieses Stücks Technik, an das Faber sich noch im Hospital klammern muß, ist wohl nicht von ungefähr gewählt.
Die nächsten Zeilen führen gleich in die veränderte Situation: ein erschreckender Faber, ein vom Verfall gekennzeichneter Faber. Er, der sich beherrschend glaubte, liegend; Hanna, die „Schwärmerin", jetzt den Augenblick beherrschend, stehend. Seine Todesnähe wird

durch den Satz deutlich: „Ich habe nur noch wenig Zeit, um meinen Kalender nachzuführen." Es ist ein bewußt resignierender Satz, der später wieder durch die mit nichts gerechtfertigte Hoffnung, doch noch zu überleben, zurückgenommen wird.

Immerhin aber wird von Anfang an im zweiten Teil sichtbar, daß Faber eine tiefe Erschütterung durchgemacht hat, wenn er auch noch nicht grundlegend anders geworden ist. Immer noch spricht er von Nervosität, wenn er Todesangst meint, immer noch versteht er Hanna überhaupt nicht. Immerhin aber fragt er, ob sie verzeihen, ob er wiedergutmachen könne. Dies ist eine neue Richtung zu sich selbst hin, in die Anerkenntnis der Schuld, und auch hin zu Hanna, zu ihrer Trauer und Verzweiflung. Faber hat Angst um Hanna, eine Hinwendung, die er die ganzen Jahre ihrer Trennung nicht verspürt hatte.

Hanna in Schwarz wirkt wie eine Göttin der Vergeltung. Ihre Weigerung, sich zu Faber zu setzen, zeigt die Distanz, die sie bewußt zu diesem Mann einnimmt, der mit ihr die Schuld am Tod der Tochter teilt, dabei aber die Hauptlast trägt. Es ist kein Vorwurf mehr um Hanna, da sie inzwischen ganz deutlich die eigene Schuld erkannt hat. Aber es ist etwas wie ein Grauen vor diesem Menschen, für dessen Vergewaltigung der Natur Sabeth sterben mußte.

Die Perspektive in der zweiten Station des Berichts wechselt ständig. Durch die immer wieder eingefügten Rückblicke wird klar, was sich in der Zwischenzeit ereignet hat, wie Faber schrittweise zu einem anderen wird. Die erste Rückschau-Szene zeigt die gesteigerte Unsicherheit Fabers, bringt seine Frage, ob er beruflich seiner Aufgabe gewachsen sei. Diese Töne sind neu. Höchstens, daß er sich bisher wunderte, wenn er einen dienstlichen Auftrag mit Umwegen erfüllte oder gar einmal zu spät zur Konferenz kam.

Die Szene zeigt zugleich die symbolisch zu nehmende Suche Fabers nach dem Schlüssel zu seiner New Yorker Wohnung. Sie zeigt, daß ihm diese bisher gewohnte Welt versperrt ist, daß die Erschütterung der letzten Wochen

ihn unfähig werden ließ, ein unpersönliches Dasein in einer nur technisierten Welt weiter zu führen. Dabei ist natürlich die Frage aufzuwerfen, ob Faber jemals ein wirkliches Zuhause besessen hat, ob es nicht immer etwas wie eine kurze Herberge zwischen seinen die Welt umfassenden dienstlichen Unternehmungen war, in der er sich niemals wirklich heimisch fühlte — ebenso wenig, wie er den Menschen dieser Umwelt verbunden war. Reich-Ranicki geht sogar noch weiter: „... bekanntlich muß man etwas besitzen, um es verlieren zu können. Hat Faber je diesen symbolbeladenen Schlüssel besessen? Stand er nicht immer schon vor den Türen des Lebens wie jetzt vor der Tür seiner verschlossenen Wohnung?" (a.a.O., S. 98)
Überzeugend sind dagegen die Telefongespräche mit seiner Wohnung, in der sich tatsächlich jemand meldet, ohne einen Walter Faber zu kennen. Dabei wird Faber die Frage gestellt, wer er eigentlich sei. Darauf hat Faber keine andere Antwort als eine hilflose Gegenfrage. — „Hier erfährt Faber den Verlust seiner eigenen Identität, nicht durch Grübelei, Meditation oder Diskussion, sondern unmittelbar an der erlebten Wirklichkeit." (Jurgensen, a.a.O., S. 160) „Diese Episode symbolisiert die krasse Unsicherheit und Fragwürdigkeit seiner Existenz." (Geulen, a.a.O., S. 45)
Besonders bitter ist das Gelächter am anderen Ende der Telefonleitung. Fabers Existenz wird nicht nur in Frage gestellt, sie wird ins Lächerliche gezogen. Dem entspricht die Bemerkung von Williams, Faber müsse irgendeine Rolle spielen, besser eine komische als keine. Der Party-Gesellschaft ist es völlig egal, wer Faber eigentlich ist, die Hauptsache ist, er gibt sich irgendwie aus — und wenn als trauriger Clown. Faber selbst kommt sich bei alledem „wie ein Idiot" vor. Erstaunt registriert er, daß die anderen alle mehr verstehen als er. Hier kommt langsam eine Selbsterkenntnis in ihm hoch, die mit beiträgt zu der endgültigen Wandlung, die Faber — zu spät — kurz vor seinem Tod vollzieht.

Ganz bewußt wiederholt Frisch in diesem zweiten Teil des Romans eine Anzahl der Schauplätze des ersten; nur so wird eine Gegenüberstellung der „beiden" Fabers möglich, hier werden auch die Gemeinsamkeiten deutlich. Nochmals fährt Faber hin zur Plantage, weil er das Bedürfnis hat, Herbert wiederzusehen. Faber sieht zwar wieder die ihn entsetzenden Totenvögel, nimmt den Gestank und die Hitze wahr. Ihn überkommt wieder dieses Fast-aus-dem-Bewußtsein-Treten, das sich im Anlehnen an die Mauer mit geschlossenen Augen dokumentiert. Hier kommen ihm die Ereignisse in Griechenland wie eine Halluzination vor. Er genießt geradezu das Unveränderte der hiesigen Natur, die ihn vorher so anekelte. Dies steht im Gegensatz zu der furchtbaren Veränderung, die Faber selbst betroffen hat. Die Vergangenheit läßt ihn jedoch nicht los, überall muß er an den Tod Sabeths denken, und die Reue und Trauer lassen ihn wünschen, es wäre noch zwei Monate früher. Angesichts der Veränderung Herberts, seiner Passivität, deutet Fabers Drang nach Beschäftigung mit dem kaputten Wagen auf einen letzten Versuch hin, sich selbst anhand eines technischen Mediums zu bestätigen. Herbert jedoch nimmt das Fluchtmittel des reparierten Autos nicht an — er „flieht nicht aus dem Dschungel eines undurchsichtigen Schicksals" (Jurgensen).

Natur und Technik

An dieser Stelle erhebt sich unwillkürlich die Frage nach Frischs Motivation bei einer so krassen Gegenüberstellung zweier unterschiedlicher Haltungen zu Natur und Technik. Macht der Dichter die Ergebenheit Herberts zu einem Postulat? Ich schließe mich der Aussage Gerhard Kaisers an, der meinte: „Es wäre ein Mißverständnis Frischs, wollte man seine Aussage eindimensional als Kritik der in Faber repräsentierten Zeiterscheinung verstehen. Vielmehr liegt die Bedeutung des Werkes gerade in der eigentümlichen Dialektik und wechselweisen Kor-

rektur der Standpunkte, die ein positives Menschenbild ausspart: Der Mensch ist, indem er zum Bewußtsein gerufen ist, weder Herr der Natur noch ihr bloßes Organ, sondern steht in einer Zwischenschicht und befindet sich in der Schwebe, die nur bei höchster Verantwortung und Offenheit ertragen und gehalten werden kann. Irrationalismus und ‚Zurück zur Natur' sind als pure Reaktion ebenso Verarmungen des Menschentums wie das verabsolutierte Ideal des Homo technicus ...". (a.a.O., S. 851)
Dies wird auch deutlich, wenn man an Joachims Selbstmord denkt. „Sein Freitod führt das retour à la nature ad absurdum. Die bewußtlos produzierende Natur ist ebenso menschenfeindlich wie die Alleinherrschaft des männlichen Prinzips der Nur-Zivilisation ... Das weibliche steht für die nicht auswählende, bewußtlos strömende Fruchtbarkeit, die dem männlichen, zur geplanten Aktion drängenden Prinzip entgegentritt. Jedes für sich genommen wirkt tödlich." (Ursula Roisch, a.a.O., S. 99)

Korrespondierende Einfügungen

In dieser zweiten Station hat Frisch auf bemerkenswerte Weise die handschriftlichen Eintragungen im Krankenhaus und die ebenfalls dort niedergeschriebenen Reflexionen in einen jeweils wichtigen Zusammenhang gestellt. Hier — in Wechselwirkung von Gegenwart und Vergangenheit — kommt Faber der Wahrheit seiner selbst immer näher. Steht der Antwortlosigkeit Fabers bei dem Telefongespräch mit seiner Wohnung im Krankenhaus die sich selbst belügende Hoffnung auf einen guten Ausgang der Operation gegenüber, die ihn — symbolisch gesehen — wirklich für immer erlösen wird (der immer noch vorhandene Statistikglaube wieder mit einer erfolgreichen Lüge gegenüber sich selbst), so steht nach dem Ende der Venezuela-Schilderung mit dem technischen Trost Fabers das inhaltsschwere Gespräch mit Hanna im Krankenhaus über Technik.

Dieser Abschnitt kann als eigentliche Basis zum Verständnis des Romans genommen werden. Hier wird die Polarisierung Faber-Hanna oder Ratio-Seele ganz deutlich ausgesprochen, weil gleichzeitig eine Erläuterung gegeben wird. Hanna bezeichnet die Technik als einen Kniff, die Welt so einzurichten, daß man sie nicht erleben müsse. Sie sieht in der Erfüllung von Fabers Schicksal ein Ergebnis der Weltlosigkeit, die er mit vielen Technikern gemein habe — wobei Techniker nicht als Berufsgruppe, sondern als Lebenshaltung verstanden werden muß. Dennoch erkennt Hanna diesem Schicksal einen Sinn zu, denn es sei kein zufälliger Irrtum gewesen. Faber habe eine Art von Beziehung erlebt, die er nicht kannte. Daß er sie mißdeutete, sei ein zu ihm gehörender Irrtum. Hanna macht keine Vorwürfe — fast kommt sie dem Leser vor wie ein Diagnostiker, der dem Kranken auch nicht sein Leiden zur Last legt. Indem Faber das Leben als reine Addition und nicht als Gestalt erfahren hat, habe er kein Verständnis zur Zeit und nicht zum Tod. Faber hat somit nach Hannas Meinung im Grunde nicht gelebt, darum ist sein Tod der logische Ausdruck dieser seiner Lebenshaltung. Weil Faber das Leben, die Gegenwart, nicht zu werten weiß, hat er auch kein Verhältnis zur Vergangenheit, die lediglich zurückliegende Gegenwart ist. Für ihn ist jedes Jetzt nur Wiederholung, daher mußte auch der Irrtum mit Sabeth passieren. Faber verhielt sich so, als gebe es kein Alter, kein Abrunden des Lebens durch Erfüllung. Sein widernatürlicher Wunsch, sich mit dem eigenen Kind zu verheiraten, ist nichts weiter als das Resultat der reinen Lebensaddition.

Nach dieser Kernstelle des Romans wird deutlich: nicht nur privat ist Faber gescheitert. Auch der dienstliche Auftrag wurde ohne ihn durchgeführt. Mit dem Eingeständnis seines beruflichen Scheiterns durch körperlichen Verfall geht im Krankenhaus das sich steigernde Bewußtsein seiner Verwitterung parallel. Faber bemerkt die vielen Todesfälle des letzen Vierteljahres und wird wieder unlogisch. Es sind natürlich nicht mehr als sonst, nur

Faber nimmt mehr Notiz davon — die typische Haltung vieler alter Leute, die sich den Sterbenden und den Toten näher wissen als den im Leben Stehenden. Nach dem Aufflackern des Wissens um sein Ende gibt sich Faber wieder Illusionen hin, es sei alles nicht so schlimm, wie es zunächst schien: eine menschliche, allzu menschliche Reaktion des Verlorenen, der sich noch nicht verloren geben möchte. Wer kann sich denn mit der Tatsache des eigenen Todes abfinden? Wem ist es nicht unbegreiflich, daß er plötzlich nicht mehr sein soll? Eine solche Haltung ist nicht nur auf einen Homo faber beschränkt, sondern überkommt zunächst wohl fast jeden, der das Ende fürchtet und kommen sieht. Wer ist denn schon ein Held?

Noch einmal flackert jedoch in Faber der ganze Widerstand dessen auf, der nicht nur seinen Tod nicht wahrhaben will, sondern der den Menschen selbst in Frage stellt, so wie er geschaffen ist. „Als Konstruktion möglich, aber das Material ist verfehlt: Fleisch ist kein Material, sondern ein Fluch". (S. 244) Dies ist der Höhepunkt des Homo faber, des die Schöpfung nicht anerkennenden Menschen. Er verflucht damit auch sich selbst, setzt sich selbst ein logisches Ende. Es ist vom Bewußtsein her Selbstmord, was Faber betreibt, indem er den Stoff, aus dem er gemacht ist, verflucht.

„Mit diesen Worten stößt Faber auf den Grund seiner Lebensangst und damit auch seiner Daseinsproblematik durch. Wer die Vitalsphäre so ansieht, dem muß sich der Körper entziehen ... Fabers fortschreitende Krankheit verliert den Aspekt des Zufälligen, der ihr auf den ersten Blick vielleicht anhaften könnte. Wie Faber selbst aus der dem Menschen vorgegebenen Lebensordnung heraustritt, tritt auch sein Körper aus seiner Ordnung und rebelliert gegen Nichtbeachtung und Vergewaltigung. Der klinische wird zum geistigen Tatbestand." (G. Kaiser, a.a.O., S. 845)

Wandlung

Fluch ist auf Zerstörung gerichtet. Der Selbstzerstörung folgt aber — wie so oft bei Frisch — die Neugeburt, in diesem Fall Habana. Cuba wird zu einem Wendepunkt, zur Station des eigentlichen Werdens von Walter Faber, kurz bevor es zu spät ist. Aber auch nur einen Tag wirklich gelebt zu haben, ist besser als gar nicht. Faber erlebt vier Tage auf der Insel einen Rausch der Lebensfreude und zugleich der Hoffnungslosigkeit. Hier steht doch in Höhenrausch und Niedergang das ganze menschliche Leben in verdichteter Form nebeneinander. Zum ersten Mal in seinem Leben gibt sich Faber dem freudigen Rausch des Daseins hin. Er findet alle Menschen schön und nicht mehr anstrengend. Er beginnt, Kontakt zu suchen. Faber streichelt den Kopf eines kleinen Jungen und wird allein durch die Berührung von einer merkwürdigen, ihm völlig unbekannten Lust ergriffen, von einer ihm unverständlichen Liebe. Er macht sich auch keine Gedanken mehr darüber; er stellt bloß fest und genießt. In krassem Gegensatz zum Fluch des Materials, aus dem Menschen sind, heißt es hier plötzlich: „Überhaupt ihr Fleisch!" Und dies ist voll Bewunderung, beinahe Anbetung, gemeint.

Faber hat eine fast schmerzliche Lust am Jetzt und Hier-Sein, schmerzlich, weil ihn zugleich fröstelt: er, die „Leiche im Corso der Lebenden", er, der zum ersten Mal Impotenz erlebt, sie aber nicht kränkend spürt, sondern selbstverständlich hinnimmt. Überhaupt dieses Hinnehmen, Sich-nicht-Sträuben gegen die Welt und das Leben, auch nicht gegen den Tod, dieses Bereit-Sein, seinen Körper zu spüren, der ihn verläßt. Faber ist gelassen, ist glücklich trotz der Vorstellung des Magenkrebses.

Der bisher so „schnoddrige" Homo faber erhält durch die ihm plötzlich geschenkte Fähigkeit des Erlebens auch eine erlebnisreiche, eine blumige Sprache. Er spürt Begierde

auf das Leben, das ihn verläßt, verbrüdert sich mit ihm völlig fremden Menschen, ist zornig auf sich selbst und wünscht am innigsten, nochmals leben zu können.
Der biologische Verfall Fabers sowie der Tod seiner Tochter müssen hier — bei der Wertung der Habana-Schilderung — keineswegs nur mit negativen Maßstäben gemessen werden. Hier erschließt sich eine Tiefe in Fabers Persönlichkeit, die ohne diesen Zusammenbruch, der gleichzeitig Durchbruch bedeutet, nie zutage getreten wäre. „In Habana geht mit dem Naturenthusiasmus eine Art Panerotik ... Hand in Hand". (G. Kaiser. a.a.O., S. 848)

Gesellschaftskritik

Zugleich mit dem Zorn auf sich selbst überkommt Faber der große Ekel vor dem „American Way of Life", dem er nichtsdestoweniger so angehört, daß ihn alle von ihm so geliebten Menschen auf Cuba sofort damit identifizieren. Sie sprechen ihn in englisch an, er selbst weiß, daß er sein Geld, das heißt seinen Lebensunterhalt, von diesem nunmehr leidenschaftlich angefeindeten Dasein erhält. Hat Faber sich bisher vor dem Dschungel geekelt, so empfindet er nun ebenso deutlich die Häßlichkeit dieser unechten Menschen, die nicht schlichtweg mit den Amerikanern gleichbedeutend sind, sondern vielmehr mit einer bestimmten Art des Lebens. Faber spricht von ihrer „obszönen Jugendlichkeit", ihrem „pornografischen Verhältnis zum Tod", ihrer „Kosmetik noch an der Leiche". Er sieht die „rosige Bratwursthaut" der Menschen des „American Way of Life", ihre „Weiber", die nicht zugeben können, daß sie älter werden, ihre „Gummi-Stimmen", ihren Wohlstands-Plebs, ihren „Optimismus, bis sie besoffen sind, dann Heulkrampf", ihr „Vakuum zwischen den Lenden". (S. 294 ff.)
Dies ist eine der bösesten Gesellschaftskritiken von Frisch. Dieser Gesellschaft, der sich der Einzelne nur mühsam entziehen kann, gibt Frisch unterschwellig einen

Teil der Schuld an dem „Homofabertum" unserer Tage, ohne dagegen eine andere Gesellschaft anbieten zu können. In einer kommunistischen Interpretation heißt es denn auch: „Frisch schont Faber nicht. Noch wesentlicher ist jedoch, daß er die Gesellschaft und jene Bedingungen der umgebenden Wirklichkeit, die Schritt für Schritt den Menschen im Menschen ausmerzen, für das Geschehene verantwortlich macht. ... (Frisch reißt) ... dem bürgerlichen Pseudocharakter die Maske vom Gesicht. Und er sucht nirgends anders. Darin liegen natürlich auch seine Grenzen. Aber er kapituliert nicht, weicht nicht vor den Phantomen der Entfremdung zurück. Er führt in der Seele des entmenschten Menschen Ausgrabungen durch. Und darin liegt seine ungewöhnliche realistische Kraft." (Satonski, a.a.O., S. 1051 ff.)

Ein neuer Faber

Einhergehend mit der allumfassenden Liebe ist das schmerzliche Gefühl der Einsamkeit Fabers. Und er schreibt Briefe, an Hanna und an Marcel, an die zwei Menschen, die ihm in diesem neugewonnenen Lebensgefühl zustimmen würden. Er schreibt auch einen Brief an seinen amerikanischen Freund Dick, zerreißt die Schreiben jedoch wieder, weil noch ein Rest des alten, „sachlichen" Faber in ihm steckt. Die Briefe waren zu „unsachlich". Wie ein übermütiger Schuljunge zeichnet er eine Frau in den Sand, und zugleich erlebt er den Schrecken der Vorstellungslosigkeit, wenn er die Augen geschlossen hat. Er erschrickt vor sich selbst, vor seinem Vakuum. Sein Entschluß, nicht mehr zu filmen, zeigt deutlich die dennoch eingetretene Wandlung. Das letzte Wort dieses Höhenfluges ist von Wehmut gekennzeichnet: Abschied.
Eine Wandlung daraufhin auch im Krankenhaus: Hanna kommt in Weiß, sie erinnert Faber an eine Braut. Das freudige Erlebnis Habanas wird auf diesen ihm verblie-

ben — besser: den neu gewonnenen Partner übertragen. Daß hier zumindest das Bemühen um eine echte Partnerschaft eintritt, wird daraus ersichtlich, daß Faber fast nur noch von Hanna berichtet. Sein Leben nimmt eine Wendung zum Mitmenschen hin und findet darin eine gewisse Erfüllung und Fortsetzung, auch wenn ein wirkliches Verstehen des anderen ihm nicht vergönnt ist. Der erste Schritt zumindest ist gemacht. Daß er am Ende des Lebens steht und nicht am Anfang, ist die Tragik Fabers. Aus der Erzählung geht hervor, daß Faber nicht nur Hanna, sondern auch seine Eltern völlig falsch eingeschätzt hat. Er kann nur staunen über alles, was er nun erfährt. Die Hintergründe von Hannas Männerhaß werden deutlich, ihre Liebe zu einem blinden Greis, die ihr Leben bestimmte. Hier wieder der Symbolgehalt: der sehende und doch blinde Faber nahm den Greis nicht wahr, der, obwohl blind, wiederum Faber sehr wohl bemerkte.

Bevor sich Vergangenheit und Gegenwart endgültig im Bericht begegnen, kommt Faber — indirekt — noch einmal auch zu den Schauplätzen seiner Liebe. Es ist ein ganz großartiger Kunstgriff Frischs, Faber nicht durch Frankreich und Italien reisen zu lassen, denn nach Cuba könnte kein Gefühlshöhepunkt mehr kommen, ohne peinlich zu wirken. Es wäre unglaubwürdig, einen sich selbst geißelnden Faber durch die Länder Europas einen Büßer-Gang machen zu lassen. Nicht umsonst war Cuba — der Scheitelpunkt — ein Ort, den Faber zuvor nicht besucht hatte. Habana stand außerhalb des Vergleichs.

Dennoch begegnet Faber der „alten Welt", und zwar im Film. Er, der sich bei der Betrachtung der Rollen als „Vertreter von Sonnenuntergängen" fühlt, erlebt nur allzu deutlich, was Hanna an dieser künstlichen Wieder-Holung auszusetzen hat: es ist doch alles vorbei. Der Film kann Leben nicht ersetzen, kann Leben nur verzerren. In Düsseldorf sieht Faber gezwungenermaßen seine filmischen Aufzeichnungen von Sabeth. Er sieht eine Sabeth, die es nirgends mehr gibt, die ohne Worte spricht und ohne Stimme singt. „Fast sind es Beschwörungsformeln, die

Walter beim Anblick seiner Tochter von sich gibt. Umsonst versucht er, sie wieder ins Leben zu rufen ... Dem Ende der Filmspule entspricht der mythologisch-symbolische Lebensfaden, der zerreißt ... Walter verläßt schmerzüberkommen das Hochhaus". (Jurgensen, a.a.O., S. 170) Instinktiv fährt Faber in seine Heimatstadt, nach Zürich. In der Bahn wünscht er ein zweites Mal, nie gewesen zu sein, nicht mehr da zu sein. Er gesteht, es sei nichts mehr da, was er sehen könne, sehen wolle. Jetzt endlich will er seinen seelischen Zustand auch äußerlich nachvollziehen, will sich blenden. „... Walter erwägt, sich wie Ödipus selbst zu richten!" (ebd)

In Zürich wird Faber in Gestalt des Professors erneut mit seinem eigenen körperlichen Zustand konfrontiert. Bei diesem Gespräch voller Grauen geht es um Sabeth, um die nicht zustande gekommene Dissertation Walters über den Maxwell'schen Dämon (wieder stoßen schon im Namen Technik und Mythologie aufeinander), um Fabers Aussehen. Und immer lacht der Professor sein grauenvolles Lachen, als wolle er den ganzen Faber auslachen.

Als letzte längere rückschauende Eintragung schildert Faber seinen Flug, seinen letzten Flug. Er, der so viele Male im Flugzeug saß, sieht eine völlig veränderte Welt. Ebenso, wie er sie nie wieder filmen will, will er auch nie wieder fliegen. Vielmehr ergreift ihn eine starke Sehnsucht nach der Erde, eine Bodenverbundenheit, die ganz fremd ist bei Faber. War die Schilderung des Dschungels schon ein erster Schritt zur Naturbeobachtung, wenn auch voller Angst und Ekel, und brachte Habana einen Höhenflug auch in Bezug auf die Natur, so wird Faber jetzt ganz still, beinahe ergriffen, geradezu innig. Wieder symbolische Sätze, merkwürdig ergreifend: „Zone des Lebens, wie dünn sie eigentlich ist ...", „Licht, das man mit dem Tod bezahlen müßte ...". Die Konsequenz dieser seelischen Einkehr ist die Aufkündigung des Berufs und damit des „American Way of Life". Noch einmal spricht Faber eine letzte Weigerung aus, Dämonen anerkennen zu wollen. Dennoch erinnert ihn der technische Gegenstand Flugzeug an einen Dämon. Dann ist Faber wieder bei Hanna und damit zu Hause. Ein letztes Mal ist er am Grabe seiner Tochter, aber er weiß, Hanna und er werden hier bleiben

Nunmehr haben sich Vergangenheit und Gegenwart angenähert, und zugleich ist Faber glücklich am Punkt der Erkenntnis angelangt, auch über sich selbst. Er weiß, daß er sterben muß, und im Angesicht des Todes verneint er sein ganzes bisheriges Leben: „Es stimmt nichts". Wie er selbst vernichtet sein wird, sollen alle seine Zeugnisse vernichtet werden. Sein letztes Vermächtnis ist das Licht, dem standzuhalten die Aufgabe des Menschen ist. Faber weiß jetzt, daß er keine Zukunft, schon kaum noch eine Gegenwart hat, die Ewigkeit im Augenblick zu erkennen. „Ewig sein, gewesen sein."

Er hängt am Leben und ergibt sich dennoch dem Tode, denn nur wer wirklich zu leben weiß, weiß auch wahrhaftig zu sterben. Er weiß um sein Erlöschen, aber es ist ein letztes Aufglühen, nicht ein trauriges Zerfallen. Faber ist ein Geläuterter, der in den letzten Stunden des Lebens noch Freude erlebt, auch die Freude, nicht mehr allein zu sein. Die letzten Seiten handeln von Hanna, die ihn auf Knien um Verzeihung bittet für ihre Schuld. Daß er nicht versteht, was Hanna meint, ist eine Schwäche, die er mit ins Grab nimmt. Aber daß Faber wenigstens seine Rolle der Zerstörung wahrnimmt, ist das entscheidend Neue. Der letzte Satz „Sie kommen" erinnert an die Vollstreckung eines Todesurteils, an das Auftauchen der Schergen des Gerichts.

„Ein Mensch, der sich solcherart aufgibt und dem Tode stellt, kann als Geläuterter gelten im Sinne antiker Weltfrömmigkeit. Sein Bekenntnis zum Licht ... ist darum kein Widerruf seiner selbst, wie es ein Ende in mystischem Dämmer wäre, in jedweder Vertröstung auf ein Jenseitiges, sondern vielmehr der Abglanz der Erscheinungen des Lebens selber ... Am Ende ist Fabers gescheitertes Leben aufgewogen und aufgehoben durch die ihm zuteil gewordene Erkenntnis, ein parareligiöser Gnadenakt, der, harmonisch in sich selbst, den Lebensweg dieses im höchsten Grade typischen Menschen unserer Jahrhundertmitte abschließt." (Carol Petersen, S. 74)

An dieser Frage der Zeitkritik haben sich die Geister der Kritiker des Homo faber entzündet. Ähnlich wie Carol Petersen urteilt auch Gerhard Kaiser: „Die individuelle Persönlichkeit zeigt zeittypische Züge, die die Gestalt repräsentativ machen. Der Ingenieur Walter Faber ist der Homo faber, das Urbild des technischen Menschen, wobei unter diesem Terminus nicht nur speziell der Techniker, sondern ganz allgemein der von der technischen Welt geprägte und ihre Kategorien bewußt oder unbewußt akzeptierende Mensch verstanden ist ... Der Homo faber emanzipiert sich von der Natur ... Er verliert seine ursprünglichen Bindungen und lebt nicht mehr in einer gewachsenen, sondern in einer gemachten Welt ... (Er) erleidet bestimmte Deformationen, ... wird geschichtslos, naturlos, kontaktlos und steht zuletzt nur noch sich selbst gegenüber ... Bei Faber zeigt sich denn auch die typische Konsequenz einer solchen Haltung: Das Vitale, die primären Ordnungen lassen sich auf die Dauer nicht verdrängen, denn der Mensch kann sich nicht selbst entrinnen ... So liegt im Schicksal Walter Fabers eine scharfe Zeitkritik am Homo faber. Ein beherrschender Typ unserer Gegenwart wird ad absurdum geführt. Der Mensch kann nicht in der Selbstentfremdung leben." (a.a.O., S. 849)

Dagegen heißt es bei Erich Franzen: „Ein magenkranker Ingenieur, der trotz aller Vernunftgläubigkeit das Alter und den Tod fürchtet, ist gewiß eine typische, doch — aus der Perspektive der Dichtung gesehen — keineswegs eine exemplarische Figur." (Über Max Frisch, a.a.O., S. 75)

Reich-Ranicki schreibt: „Eine raffiniert konstruierte Handlung mit zahllosen ungeheuerlichen Zufällen, viele mythologische Motive und dramatische Effekte, ja eine ganze Schicksalstragödie von antiken Ausmaßen werden aufgeboten, um einen Helden zu kompromittieren, der von vornherein kompromittiert ist ... dieser Ingenieur Faber, der Bauten für ‚unterentwickelte Völker' errichtet, ist selbst ein unterentwickeltes Individuum ... Nicht das Portrait eines Intellektuellen unserer Tage hat Frisch gezeichnet, sondern lediglich dessen mitunter allzu billige Karrikatur." (a.a.O., S. 98)

Diesen scheinbaren Gegensatz versucht Eduard Stäuble aufzulösen: „Ein Haupirrtum, der durch viele Diskussionen ... geisterte, wurde wahrscheinlich durch den Klappentext auf dem Buchumschlag heraufbeschworen ... (Durch ihn) entstand vielerorts die Meinung, Frisch habe mit diesem Buch das Bild des modernen Technikers und Ingenieurs zeichnen wollen. Wäre dies seine Absicht gewesen, dann allerdings müßte der Versuch als ebenso verfehlt wie fragwürdig gelten. Es gibt sehr viele Techniker und Ingenieure, die durchaus nicht vom Schlage Walter Fabers sind. Es läge Frisch auch nichts ferner, als einen allgemeingültigen Schablonentyp des Technikers, des ‚technischen Menschen' schlechthin, zu kreieren; alle Klischeevorstellungen dieser Art sind ihm von Herzen verhaßt. Den Typ Walter Faber kann man allenthalben antreffen, in allen Berufen und unter allen Himmelsstrichen ... Der entscheidende Konflikt Fabers hat überhaupt mit der Technik oder mit dem technischen Zeitalter unmittelbar nichts zu tun. Fabers Konflikt bestand in vielen einzelnen Menschen schon längst vor Erfindung der Dampfmaschine, bei Menschen aller Gattungen und Berufe." (a.a.O., S. 194)

Ein fast leidenschaftlich anmutendes positives Urteil — zugleich Rücknahme einer früheren Meinung — sei ans Ende der Interpretation gestellt. „Als wir den Roman 1957 lasen, spürten wir, daß Max Frisch nicht nur mit der Plattheit des Homo faber, sondern genauso mit den ästhetischen Verstiegenheiten des Homo ludens abrechnete. Beide Haltungen gehören ja zusammen — und fallen in der Person von Max Frisch ja auch exemplarisch zusammen ... Liest man den Bericht heute wieder, dann erkennt man, wie sehr die Zeit den Konflikt des Homo faber bestätigt und zugespitzt hat. Der Ingenieur, der sich in Museen langweilt, der Sonnenuntergänge zu berechenbaren Ereignissen banalisiert, der dabei einen erstaunlich genauen, phantasiebeschwingten Blick, ein präzises, erschütterungsfähiges Erinnerungsvermögen besitzt — damals erschien er uns als ein eigentlich ganz vernünftiger, sehr streng bestrafter Mann ... Heute lesen wir das Buch neu. Wir wissen mittlerweile, wie sehr der Typus des Homo faber dem Homo ludens nach dem Leben trachtet. Wir wissen auch, daß Planmäßigkeit und Egoismus des Homo faber gegenwärtig eine direkte Bedrohung unserer Welt darstellen. Als der Homo faber erschien, dachte kein Mensch ernsthaft an Umweltschutz, an Ökologie, an Energieressourcen, die infolge planlosplanmäßiger ‚Ausnutzung' zu Ende gehen könnten. Heute sehen wir ein, daß wir zwar auf die produktiven Künste des Homo faber angewiesen sind wie nie zuvor — aber auch sein Zerstörerisches hat sich in knapp zwei Jahrzehnten enthüllt. Kein Wirtschaftswunderglauben, kein begreiflicher Kunstüberdruß vermag noch das Bild jener tüchtigen, flotten Pragmatiker zu verklären, die in West und Ost mit scharfsinniger Konsequenz wahnsinnige Entwicklungen betreiben. Und die sich bei alledem bestimmt so schuldlos fühlen wie Walter Faber, dem freilich am Schluß wenigstens die Wahrheit dämmert. So ist Max Frischs „Homo faber" hinausgewachsen über eine moderne und private Ödipusvariation zum Modell eines allgemeinen Konflikts, für dessen Gefährlichkeit uns mittlerweile die Augen geöffnet wurden ... Von seiner individuellen, auf private Personen bezogenen Dramatik hat der Bericht nichts verloren. Darüber hinaus ist ihm eine allgemeinere, objektive, unvorhersehbare Spannungskompetenz zugewachsen." (Joachim Kaiser, Suhrkamp Literatur-Zeitung, Mai 1975)

4) Die Personen

Walter Faber

Der Hauptperson des Romans in einer kurzen Charakteristik gerecht werden zu wollen, ist unmöglich, da sich ja die gesamte Interpretation um seine Figur rankt. Hier sei deshalb nur ein kurzer Überblick über die Gestalt Fabers gegeben:

Walter Faber steht für den berechnenden, den reinen Verstandesmenschen. Er lebt in Zahlen und Statistiken, die er je nach Bedarf einsetzt — Faber „ist der von den Gesetzen der Mathematik beherrschte, nach ihren Regeln sein Leben aufbauende und führende, herb-strenge Mann der Technik, der in Ablehnung aller Mystik das Leben selbst als nur rationale Größe empfindet." (C. Petersen, a.a.O., S. 71)

Faber steht mit der Schöpfung auf Kriegsfuß, obwohl er — dienstlich ein unentwegt Reisender — Möglichkeit zur Beobachtung der Welt mehr als ein anderer hätte. Erlebnis der Natur hält Faber für eine Phantasterei, er erlebt Natur mit — und in Distanz durch die — technischen Medien wie Flugzeug und Filmapparat. Ist dies überhaupt noch ein Erleben? Wie Faber sich gegen Erlebnis sträubt, wehrt er sich gegen den Glauben an das Schicksal. Er ist ein Zufallsgläubiger, der — obwohl er es besser wissen müßte — die Statistik auf die einzelne Person anwendet, wie es ihm paßt. Er hat im Grunde überhaupt keine Überzeugung außer der, daß er den einzig männlichen Beruf — Techniker — und die einzig männliche Lebensart — unverheiratet — hat. Alles andere belacht oder belächelt er zumindest, obwohl ihm andererseits die Armut eines solchen Lebens zumindest indirekt in seiner Unzufriedenheit mit seiner Freundin Ivy und seinen amerikanischen Bekannten deutlich werden müßte.

Faber ist — so scheint es — eine Marionette, zumindest aber eine Person mit einer ihm fast schon angewachsenen Maske, die ihn weder richtig fröhlich noch richtig traurig sein läßt. Dennoch — oder deswegen — ist er von Anfang an von einer bemitleidenswerten Unsicherheit, die nur aus heimlichen Zweifeln geboren sein kann. Faber hatte ja die Möglichkeit zu einem erfüllteren Leben. Spätestens bei der Begegnung mit Hanna hätte sich sein Horizont erweitern können, hätte er es gewollt. Stattdessen belächelte er sie bereits als junger Mann als „Schwärmerin und Kunstfee", nicht in der Lage, sich auch nur halbwegs in ihre Gefühle zu versetzen.

Daß er dennoch Sehnsucht nach wirklicher Freundschaft und Liebe hat, merkt man aus der Begierde, mit der Faber jegliche Informationen über Hanna zu erfahren sucht, aus der Bereitschaft zur Expedition zu Joachim und aus der <u>Ablehnung des oberflächlichen Verhältnisses zu Ivy.</u> Sein Leiden unter der ihn umgebenden Gesellschaft tritt klar zutage, wenn er betrunken über die Gedanken- und Lieblosigkeit seiner Bekannten klagt.

Schicksalsgläubigkeit muß ein derart denkender Mensch ablehnen, wie jeden Glauben an etwas Unerklärliches, ob man es nun Gott, Götter, Mythen nennen möge. Er lebt sein Leben aus dem Augenblick, ohne Gedanken an ein Ende oder eine Erfüllung, und ist deshalb bei beginnendem körperlichen Verfall aus der Bahn geworfen. Er, der das „Leben als Addition" betrachtet, lebt ohne Gegenwart und ohne Zukunft. Er, der nicht wirklich lebt, kann auch nicht an den Tod glauben. Er schiebt den Gedanken daran fort wie an alles Unangenehme. <u>Eine der hervorstechendsten Charaktereigenschaften Fabers ist ja die Fähigkeit, sich selbst zu belügen.</u>

Nicht nur bei <u>seinen Gefühlen</u> belügt er sich oder schiebt sie weg. Er fälscht auch Tatsachen und Daten, obwohl sich eine derartige Haltung schon aus seinem Bewußtsein der Mathematik gegenüber für ihn von selbst verbieten müßte. Faber ist in seiner Gesamtheit ein ungenügender Mensch. Er möchte am liebsten dem Roboter gleichen, der sich keine Gefühle erlaubt. Aber selbst dies gelingt ihm — natürlich — nicht. Der Roboter ist aber wenigstens in seiner Art perfekt, während Faber ständig seinen eigenen

Normen zuwiderhandelt. Selbst beruflich klappt es zum Zeitpunkt des Berichtes nicht mehr. Teilweise ohne sein Dazutun, schließlich aber durch sein körperliches Versagen wird der dienstliche Auftrag, für den Faber unterwegs ist, ohne ihn verwirklicht.
Faber scheitert daran, daß er wider besseres Wissen-Müssen die mathematische Wahrscheinlichkeitsrechnung auf den Menschen übertragen will, ohne das Gesetz der Ausnahme gerade hier zu beachten. Daß er selber die Ausnahme bildet, führt ihn letztlich zum Verderben.
Seine Wandlung, sein Erkennen kommen zu spät. Am Ende seines Lebens wird Faber sehend, ohne noch einen Nutzen daraus ziehen zu können — es sei denn, sich über kurze Tage hinweg auch im Licht, auch im Bewußtsein des Ewigseins verwirklicht zu haben. Aber dies ist vielleicht schon mehr, als manch anderem Heutigen jemals gelingt.
Daten Walter Fabers: Am 29. 4. 1907 geboren. Von 1933 bis 1935 Assistent an der Eidgenössischen Technischen Hochschule in Zürich. Nicht vollendete Dissertation über den sogenannten Maxwell'schen Dämonen. Zunächst Auslandsposten als Techniker bei Escher-Wyss in Bagdad, später Anstellung bei der UNESCO in der „Technischen Hilfe für unterentwickelte Völker".

Hanna

Die Jugendfreundin Fabers, Mutter seiner Tochter und Geliebten, ist der vollständige Gegenpol des Technikers. Früher von ihm „Schwärmerin und Kunstfee" genannt, arbeitet sie später an einem archäologischen Institut in Athen, ist durch und durch eine emanzipierte, intellektuelle Frau, die sich dennoch den Sinn für das Unberechenbare im menschlichen Lebe erhalten hat.
Hans Bänziger sieht Hannas Leben durch drei „Techniker" verpfuscht: „... durch den schachspielenden Manager Joachim, den Kommunisten Piper, namentlich aber durch

den scheinbar harmlosesten der Spezies, Walter Faber". (a.a.O., S. 96) Für Bänziger ist Hanna die Frau in Frischs Werk, die am menschlich-mütterlichsten wirkt, obgleich auch sie nie über ihre Ich-Bezogenheit hinausgelangt.

„Hannas Verlangen nach einem ‚vaterlosen' Kind, ihre Sorge, ihre Mütterlichkeit, sind ebenso selbstaufopfernd wie egozentrisch. Faber steht dieser chronisch anmutenden Mütterlichkeit instinktiv abwehrend gegenüber, da sie sich auf ihn auszudehnen droht ... Ihre Schuld liegt lediglich versteckter und im Grunde verwickelter als die Fabers. Gibt die Diskussion Fabers mit Hanna über die Technik entscheidenden Aufschluß über dessen Schuldigwerden, so gibt Hannas Erzählung von ihrem Wunsch, ein ‚vaterloses' Kind zu haben, einige Aufklärung über ihre eigene Schuld ... Hanna geht grundsätzlich davon aus, daß man sie braucht, daß man ihrer Fürsorge und achtsamen Anhänglichkeit nicht entbehren kann, vor allem der Mann nicht." (Geulen, a.a.O., S. 84) Ihr Komplex in Bezug auf den Mann rührt aus ihrer frühesten Jugend her, als der jüngere Bruder sie im Zweikampf besiegte. Leidenschaftlich lehnt sie danach alles Männliche ab, das sie lediglich im Widerstreit mit der Frau und in seiner Überheblichkeit ihr gegenüber wahrzunehmen weiß.

Hanna weiß, daß sie durch Tüchtigkeit dem Manne im Beruf ebenbürtig werden kann. Aber es gibt ein Gebiet, auf dem sie sich überlegen zeigen kann: die Mutterschaft. „Andererseits weiß sie jedoch, daß ihre Überlegenheit nur eine scheinbare ist, da sie auf einem Gefühl beruht, das der stärkeren Veranlagung des Mannes nicht ebenbürtig ist, sondern ein typisch weibliches Merkmal darstellt ... Sie verlangt jedoch, daß er dieses Wesen versteht, wozu er niemals in der Lage sein kann, da er ihm auf eine feindselig-furchtsame Weise gegenübersteht." (ebd.) Hanna selbst ist sich ihrer Gefühle im Klaren, ohne dennoch daran etwas ändern zu können. Sie selbst erläutert sich im Gespräch mit Faber.

An dieser beinahe feindseligen Haltung Hannas den Männern gegenüber scheitern auch ihre beiden Ehen. Sie ist wohl nicht so sehr Opfer der Techniker, wie Bänziger meint. Verschreckt sie Joachim zunächst, indem sie das Kind Walters ‚vaterlos' — also auch ohne ihn — aufzog, enttäuschte sie ihn dann endgültig, als sie sein eigenes Kind abtreiben ließ. In diesem Fall hätte das Kind ja einen Vater gehabt. Dennoch liebte Hanna diesen Mann, war bereit, ihm überall hin zu folgen, und wurde sogar Assistentin, um im Beruf bei ihm sein zu können. Den zweiten Mann heiratete sie bloß aus ideellen Gründen, um ihm, dem Kommunisten, das Leben zu retten. Hanna erkannte ihren zweiten Mann zunächst nicht als Opportunisten. Er lebte schließlich getrennt von ihr in Ostberlin, während sie als Halbjüdin nie nach Deutschland gegangen wäre.

Hannas Wunsch, ein „vaterloses" Kind zu haben, läßt sie nicht nur Faber, sondern auch Sabeth gegenüber schuldig werden. Denn gerade der Vater ist es, der das Leben des Kindes vernichtet, der Vater, den sie bewußt verschwieg und aus Sabeths Leben ausschloß.

Hannas Lebenseinstellung ist nicht weniger problematisch als die Fabers. Zwar erkennt sie das Urbild des naturentfremdeten Menschen. Aber „wie Faber das männliche Lebensprinzip denaturiert, indem er es zur Ideologie des Ingenieurs verengt, denaturiert Hanna das weibliche Prinzip, indem sie es zur bloßen Genenideologie, zum Irrationalismus, macht. Ihr Protest gegen Technik erschöpft sich in Negation; sie versagt gegenüber ihrem Kind ebenso wie Faber — er will nicht Vater werden, sie will ein Kind ohne Vater. Hanna ist auch nicht fähig zu einer wahren Gemeinschaft und Hingabe. Die Wiederbegegnung mit Faber und Sabeths Tod führen auch sie zur Erkenntnis. Hanna verachtet an der Oberfläche des Bewußtseins die technische Lebenshaltung, weil sie sie für die Lebensform des Mannes par excellence hält; ihre geheimste, unbewußte Sehnsucht aber besteht darin, es den Männern gleichzutun. Denn da sie den Mann ablehnt und aus den

Tiefenschichten ihres Daseins ausschließen will, kann sie auch nicht wirklich Frau, sondern nur ressentimentgeladener Anti-Mann sein. ... Im Konflikt zwischen Faber und Hanna ... ist eine dem Menschen aufgegebene Grundspannung von Mann zu Frau, Rationalismus und Irrationalismus, Aktivität und Hingabe verzerrt, und hinter der Zeitkritik in Frischs Werk erhebt sich eine Ebene absoluter Tragik: In der Zerstörung ihres Lebens erleben Hanna und Faber ihnen bisher verschlossene Kräfte. In der Vernichtung treten neue Lebenswerte heraus, und im Zerbrechen aller Daseinsschablonen vollzieht sich ein Durchstoß zur radikalen Existenzerfahrung. So ist es kein Zufall, wenn in Frischs Werk bei genauerem Zusehen im modernen Gewand Begriffe und Vorstellungen der antiken Tragödie auftauchen: der Homo faber ist nichts anderes als der Mensch in der Hybris, der von den Göttern und dem Schicksal gestraft wird." (G. Kaiser, a.a.O., S. 850 f.)

Sabeth

Die Tochter Hannas und Fabers, das knapp einundzwanzigjährige Mädchen Elisabeth, ist im Grunde am schwersten zu charakterisieren, weil sie am „normalsten" ist. Sie ist jung, unbeschwert, hat Liebesabenteuer, ist lernbegierig, klug, gebildet, hat ihre Natürlichkeit und auch ihr gesundes Verhältnis zur Natur bewahrt, ist verständnisvoll, dem jeweiligen Partner aufgeschlossen, macht kein Hehl aus ihren Gefühlen — kurz, Elisabeth-Elsbeth-Sabeth ist eine völlig unkomplizierte Mischung aus den beiden Komponenten Ratio und Seele, Faber und Hanna.

Am besten zu charakterisieren ist Sabeth wohl aus den Szenen, in denen Faber fasziniert und zugleich fassungslos vor ihr steht — in ihrem unaussprechlichen und darum im Gesang ausgedrückten Glück. Hier hat Frisch eine so geschlossene, dabei nicht naive und dumme, sondern sensible und intelligente, zugleich aber so unheimlich in sich ruhende Persönlichkeit geschaffen, der wohl schon angesichts der Skepsis des Dichters gegenüber der die Welt bevölkernden Spezies Mensch kein anderer Ausweg als der Tod blieb.

Sabeth braucht gleichsam nichts, um glücklich zu sein. Faber stellt dies ja so bewundernd und fassungslos fest. Ohne großes Geld, ohne besonderen Rahmen, ja auch ohne Gefühlshöhepunkt ist sie glücklich und singt. Alles an dem Mädchen stimmt, sie ist rundweg beneidenswert: selbstbewußt, ohne überheblich zu sein; emanzipiert, ohne Frauenrechtlerin zu sein und die Fraulichkeit verloren zu haben, Kind und Weib, mathematisch und künstlerisch begabt, im schönen Sinne naiv und intelligent, sensibel, ohne gefühlsüberbetont zu sein, warmherzig und nicht Samariterin, natürlich, ohne „zurück zur Natur" zu wollen, witzig ohne beißenden Spott, romantisch ohne Schwärmerei, „Kunstfee" und Techniker in einem.

Sabeth als einzige der Hauptpersonen dieses Romans ist von keiner Schuld betroffen, sie ist das Opfer, sie ist das Mittel zum Zweck. Gibt Frisch einem solchen Menschen keine Chance, so daß er abtreten mußte, oder wollte er die Schuld der beiden konkurrierenden „Lebenssinne" besonders krass werden lassen durch die Vernichtung ausgerechnet eines solch „idealen" Menschen? Der Trost bei Sabeths Tod ist vor allem, daß sie seit dem Unglück nie wieder zu Bewußtsein gekommen ist, daß ihr geschlossenes Charakterbild nicht zerstört wurde durch die grausame Erkenntnis dessen, in das sie hineingezogen wurde. Ein Erwachen Sabeths wäre schlimmer gewesen als ihr Tod. Noch in den letzten Stunden ihres Lebens macht sie — zwar im Unterbewußtsein — den großen Irrtum ihrer Liebe zu Faber rückgängig, indem sie nur noch von Hardy spricht. Es ist der junge Mann, der sie heiraten wollte, den sie aber seit dem Kennenlernen Fabers als Irrtum ansieht. Hiermit wird die Unnatürlichkeit zumindest von Sabeth aus zurückgenommen.

Die Herzlichkeit des Mädchens wird deutlich in ihrer zunächst fast mitleidvollen Hingezogenheit zu Faber, dem

Einzelgänger auf dem Schiff. Obgleich sie über ihn — beziehungsweise seine Theorien — den Kopf schüttelt, tut er ihr in seiner Einsamkeit leid. Sie macht auch keinen Hehl daraus, daß ihr seine Lebensanschauungen gar nicht passen, daß sie sie als bissigen Spott über das Dasein nimmt und als mageres Empfinden eines doch vom Alter her reif sein sollenden Menschen. Wenn er den Roboter preist und das Alleinsein, kann sie nur wie über einen ihr mißfallenden Witz lachen. Sie — das junge Mädchen — hat im Grunde mehr Lebenserfahrung als der Mann am Ende seiner Tage. Sie empfiehlt ihm die Heirat, als er gedankenverloren seinen fünfzigsten Geburtstag an Bord feiert. Sie mag nicht an seine völlige Unfähigkeit zur Kunstaufnahme glauben, sie zeigt ihm ein besseres Leben und macht ihn darauf eifersüchtig.

Imponierend an Sabeth ist, daß sie immer so ganz sie selbst bleibt. Sie nimmt nicht Fabers „Schnoddrigkeit" an, schämt sich nicht ihrer Gefühle, zeigt Freude und Trauer, sagt dem weit älteren Mann, was ihr an ihm mißfällt. Und in dem Moment, in dem sie sich ernst genommen fühlt und eine Übereinstimmung ihrer Gefühle spürt, nämlich während der Mondfinsternis in Avignon, zieht sie die Konsequenz und vollzieht auch das körperliche Eins-Werden. Sabeth ist keine Kompromißlerin, und dennoch ist sie der natürliche Kompromiß aus den sich widersprechenden Komponenten Faber und Hanna. Sabeth gleicht ja — bis auf Gestik und Mimik sowie Kunstverständnis — auch ihrer Mutter nicht aufs Haar. Sie ist aufgeschlossener, nicht so einseitig, nicht fanatisch für Kunst, Natur und Schicksal, sondern ist das ausgleichende Element, der wahre Mensch. Sie hat viel von der Mutter gelernt, verehrt sie sicher, aber hängt nicht an ihrem Rockschoß.

„Lebenssinn statt Lebensstandard. Dabei ist sie keine romantische Schwärmerin, sondern ein durchaus modernes Mädchen mit Cowboy-Hose, Pferdeschwanz, Zigarette und Existentialistenpullover, erfüllt von wißbegieriger Neugier, die sie alles für sich neu entdecken läßt: Menschen und

Dinge, Kunst und Natur. Sabeth ist nicht nur wörtlich genommen das Kind, das dem Verhältnis Fabers mit Hanna entsprang, sondern gleichzeitig auch die Synthese der beiden sich antinomisch gegenüberstehenden Seinsprinzipien. Sie muß zugrundegehen, weil auch nach der Auffassung von Max Frisch die Subjekt-Objekt-Spaltung unter den Bedingungen der spätbürgerlichen Gesellschaft irreversibel ist und die Gesetze der Lebenswelt einer Sabeth nur als Funke des Zukünftigen im Dunkel des Vakuums mit Neon-Tapete aufleuchten können. Ihr Tod entspringt einer inneren Notwendigkeit, ist schicksalhaft, nicht widersinnig. Auch die Szenen ihres kurzen Glücks künden von Gesetz und Maß. In Avignon, Stadt der Liebenden auch für sie, bewundert Sabeth gemeinsam mit Faber das Naturschauspiel einer Monfinsternis. Statt Mondschein und Liebe: Mondfinsternis!" (Ursula Roisch, a.a.O., S. 103)

5) **Erzählform, Sprache und Stil**

Max Frisch hat seinem Roman „Homo faber" den Untertitel „Ein Bericht" gegeben. Manfred Jurgensen bezeichnet „Homo faber" als einen Roman-Bericht zweier Lebensstationen, die durch eine gewandelte Lebensperspektive getrennt sind. Alle Geschehnisse des Buches sind durch die Person Walter Fabers gefilterte Erlebnisse und Eindrücke, der Dichter selbst übernimmt keinerlei führende oder erläuternde Rolle. „Fabers Widerspruch zu sich selbst äußert sich nicht zuletzt auch in seiner Doppelrolle als subjektiver Berichterstatter und objektiver ‚allwissender' Erzähler." (Jurgensen, a.a.O., S. 135)
Es handelt sich bei der Niederschrift Walter Fabers um einen vorgetäuscht objektiven Bericht. Der Leser abstrahiert unwillkürlich immer wieder davon, daß die im Roman gezogenen Erkenntnisse ja eine subjektive Darstellung sind — schon dies ist eine Täuschung. Eine

zweite Täuschung liegt in Faber selbst, der als „sachlich denkender" Techniker ein möglichst ungefärbtes, von Gefühlen unbeeinflußtes Protokoll für Hanna geben will; seine Bemühung darum wird schon aus den genauen Orts- und Zeitangaben ersichtlich — oft wird sogar die Uhrzeit, so erinnerlich, noch hinzugefügt. Und dennoch darf man eben nicht außer Acht lassen, daß ein Tagebuch, egal in welcher Form, eine subjektive Eintragung bedeutet, was eine Anzahl möglicher Fehlerquellen für die Objektivität einschließt.

Und doch ist gerade in diesem Fall die subjektive Darstellung das Interessante, ist das eigentliche Thema des Romans. Hier verwirklicht sich eine bestimmte Spezies Mensch, ob nun zeittypisch oder nicht, in einem bestimmten Erleben, macht eine Entwicklung durch, wird ein Gewandelter und Untergehender. Und alles dies wird auf eine so simple Art deutlich auch in der Sprache, wo bei anderer Erzählform Umschreibungen, Deutungen und Reflexionen gebraucht werden müßten. Allein die objektiv-subjektive Darstellung Fabers führt den Leser zur Erkenntnis.

Gerhard Kaiser schreibt: „Die indirekte Darstellung gibt Frisch bedeutende kompositorische Vorteile, die er mit großem Geschick ausnutzt: die stellenweise fast kolportagehaft robuste und geradlinige Handlung wird erzähltechnisch zu einem komplizierten System von Überblendungen, Raffungen und Kontrasten gefügt, das die Spannung der Episoden und die Intensität der Impressionen steigert. Die Zeitgeschichten der Handlung sind so ineinander verzahnt, daß die Elemente der Exposition zum unmittelbaren Bestandteil der Katastrophe werden, und der Rückblick des Erzählers vom Ziel des Geschehens her läßt über die bloße Zeitfolge hinaus neue innere Korrespondenzen zwischen den einzelnen Erlebnissen hervortreten." (a.a.O., S. 842)

Die Aufteilung des Romans in zwei Teile entspricht durchaus dem Inhalt. Der erste Berichtteil umfaßt den Werdegang der Katastrophe, der zweite ihre Auswirkungen. Im ersten Teil läuft das gesamte Geschehen planmäßig auf den Angelpunkt im Leben Fabers hin, Sabeths Tod. Dies erklärt sich einerseits aus dem Zeitpunkt der Niederschrift; die Hauptmotivierung ist aber eine inhaltliche. Faber ist zwar ein erschütterter, sich aber im Grunde gleichgebliebener Mensch.

„Was im ersten Teil der Handlung Geschehen, Geschichte war und sich in ungewöhnlicher Ereignisdichte bis zur Katastrophe hin entwickelte, das schlägt im zweiten Teil ‚nach innen' um und bringt die Situation des vom Geschehen bis zum Schatten und Unwirklichen entstellten Faber zur Anschauung. Der zweite Teil erschließt vor allem die Selbstfindung Fabers, nicht als Meditation, als intellektuelle Zerknirschung, sondern durch die unvergleichliche Darstellung des plötzlichen Durchbruchs des Lebens in ihm ... So gesehen ergänzt der zweite Berichtteil den ersten von innen her, und die Aufspaltung des Gesamtgeschehens entspricht der unterschiedlichen Intention des Autors, der in der ersten Hälfte den handelnden, in der zweiten den leidenden Helden vorführt." (Geulen, a.a.O., S. 36)

Beide Teile sind in sich durchaus abgeschlossen: der erste vom eigentlichen Geschehen her, auf das im zweiten Teil nurmehr reagiert wird, der zweite Teil durch das letztendliche Ausscheiden Fabers und damit — neben dem innerlichen — auch einen äußeren Schlußpunkt.

Bereits in der Interpretation wurde darauf hingewiesen, wie im zweiten Teil Aufzeichnungen der Gegenwart im Krankenhaus und die jüngste Vergangenheit miteinander korrespondieren. Die eine Schilderung ergibt sich in höchst künstlerischer, jedoch nicht gekünstelter und durchaus glaubhafter Weise aus der anderen. Im ersten Teil setzen die Reflexionen besondere Schwerpunkte, erfüllen auch den Zweck der Desillusionierung, worauf ebenfalls in der Interpretation eingegangen wurde. Jurgensen schreibt sogar: „Je weiter der Roman voranschreitet, um so deutlicher zeigt es sich, daß Frisch hier ein modernes Gegenstück zur klassischen Tragödie gestaltet.

Die meditativen Reflektionen gewinnen in der Tat mehr und mehr den Charakter eines Chores, der die vorangegangene Handlung kommentiert." (a.a.O., S. 148)

Durch die Reflexionen und Meditationen wird der Leser zu einem Zeitpunkt, wo sich allein schon aufgrund der Schilderung eine gewisse Neugierde einstellt, über die weiteren Ereignisse informiert. Nichtsdestoweniger läßt aber die Spannung nicht nach. Sie richtet sich aber statt auf das Was auf das Wie, was den Roman ungleich tiefer erleben läßt. Alle oberflächlichen Fragen nach dem Gang der Handlung werden beiseite geräumt. Man weiß, wie die Story ausgeht, um es einmal ganz lapidar auszudrücken. Und einen weiteren Effekt erzielt Frisch mit dieser Erzählart: weil man den Ausgang weiß, hat man umsomehr Mitleid und Mitgefühl mit Faber, erlebt man viel intensiver seinen Irrtum mit, leidet seine Qualen im voraus, möchte ihm zurufen: Laß es, erkenne Deinen Fehler. Ein solcherart engagierter und zugleich desillusionierter Leser erlebt die Wandlung Fabers viel intensiver mit, indem er beinahe erleichtert — trotz des unwiderruflichen Ausgangs — die Erkenntnis auch des Agierenden feststellt.

Daß Frisch hier von Brechts epischem Theater beeinflußt wurde, liegt auf der Hand. Im Tagebuch I bemerkt Frisch zum Verfremdungseffekt: „<u>Der Zuschauer soll sich nicht einfühlen, es soll verhindert werden, daß das Spiel ihn in Trance versetzt</u>, sein Vergnügen soll vielmehr darin bestehen, daß ihm im Spiel gewisse Vorgänge, die ihm vertraut sind und geläufig, verfremdet werden ... Es wäre verlockend, all diese Gedanken auch auf den erzählenden Schriftsteller anzuwenden; Verfremdungseffekt mit sprachlichen Mitteln, das Spielbewußtsein in der Erzählung, das Offen-Artistische ..." (a.a.O., S. 293 f.)

Frisch hat nun eine Sprache gewählt, die auch in sich Spannung hat: er bedient sich einer ganz schlichten Alltagssprache, die jedoch in höchstem Maße hintergründig ist. Was gesagt wird, paßt nahtlos zum Geschehen und ist sehr simpel zu verstehen; aber fast immer sind die gesagten Worte doppeldeutig, sind aus dem Zusammenhang selbst und als tieferer Zusammenhang zu verstehen. Dies macht — wenn man gelernt hat, Frisch zu lesen — einen ganz starken Reiz seiner Dichtung aus. Beispielsweise auf dem Grabhügel an der Via Appia, als die Herkunft Sabeths deutlich wird und der Autor sie sagen läßt: „Ich sollte verschwinden!" Dieses eine Beispiel möge hier genügen, um zu erläutern, was mit Doppeldeutigkeit gemeint ist. Daß Frisch mit diesem Sprachmittel arbeitet, wird schon aus dem Titel des Buches ersichtlich: Faber ist nicht nur der Nachname des Helden, sondern steht zugleich für eine von Frisch hier dargestellte Spezies Mensch.

Zur Symbolik gehört auch der Hinweis auf die antike Mystik, die von den Interpretatoren unterschiedlich bewertet wird. Jurgensen meint: „Wir sind nicht müde geworden, darauf hinzuweisen, daß wir es in Walter und Hanna mit zeitgenössischen Gegengestalten antiker Sagenhelden zu tun haben, und daß darin der Schlüssel zum richtigen Verständnis dieses Roman-Berichtes zu finden sei. Freilich: die Unterschiede sind nicht weniger kennzeichnend als die Gleichheiten. ‚Tragisch' im antiken Sinn ist das Schicksal der Protagonisten dieses Roman-Berichtes schon deshalb nicht, weil sie nicht die spirituelle Gemeinschaft einer geschlossenen Götterwelt besitzen. Im Homo faber bekämpfen sich die Gottheiten Kunst und Technik. Sabeth wird einem Gotte geopfert, an den Hanna nicht glaubt. Nicht nur die Sinnlosigkeit des Opfers wird also beklagt und betrauert, sondern die Sinnlosigkeit der Gottheit selbst." (a.a.O., S. 155) Die entscheidende Aussage Jurgensens bleibt aber, daß Faber ein moderner Ödipus, Hanna eine moderne Klytämnestra ist. An mehreren Textstellen wird dieser Bezug ja auch mehr als deutlich von Frisch dargestellt. Nicht umsonst wird auch die Katastrophe nach Griechenland verlegt. „Griechenland als der alle Konflikte auflösende letzte Schauplatz dieser kühn entworfenen, verschiedenartigsten Lebensbereiche aufreißenden Handlung trägt unwillkürlich das Bewußtsein antiker Schuld-und-Sühne-Vorstellung an den Leser heran." (Carol Petersen, a.a.O., S. 73)

Bei Geulen lesen wir: „Indessen interpretieren wir die in dem Roman zur Darstellung gelangten Dämonen ... grundsätzlich falsch, wenn wir sie vergleichen mit den Gestalten antiker Mythologie, deren Gehalt für unsere Zeit nicht mehr verbindlich sein kann. Vielmehr müssen wir sie als Spielmomente auffassen, vom Dichter ersonnen, die Handlungen zu steigern, glaubwürdig und effektvoll zu gestalten. Unsere todernste Feststellung, daß es Mächte und Dämonen nicht gebe, und die daraus resultierende Enttäuschung darüber, daß die Story von Walter Faber sich unter diesen Umständen nicht ereignet haben könne, läßt uns die künstlerische Intention dieser Spielmomente völlig verfehlen. Die von Frisch gewählten Mittel und Effekte ... dienen — unserer Auffassung nach — dem Zweck der Verfremdung, die es dem Leser ermöglichen soll, den Geschehniszusammenhang leichter zu durchschauen." (a.a.O., S. 97) Auch Erich Franzen stellt fest: „Das griechische Drama, aus dem Frisch ... Motive entlehnt, kann in einer entgötterten Welt nicht als Beispiel dienen. Es wird vom Selbstverständnis des Mythos getragen, kraft dessen königliche Gestalten wie Ödipus über ihre Person hinaus auf das Allgemeine weisen, das sie verkörpern. Überdies zielt die Tragödie ihrem Wesen nach unmittelbar auf das Absolute, während die Epik in der dichten Fülle des Sinnlichen, an das sie gebunden bleibt, nur allmählich und höchst behutsam einen Durchblick freizulegen vermag." (Über Max Frisch, a.a.O., S. 75)

Besondere Kritik rief nach dem Erscheinen des Homo faber die Sprache des Helden hervor, bewußt als Alltagssprache konzipiert, weil als Ich-Bericht des Helden jede andere Ausdrucksweise unglaubwürdig gewesen wäre. Ein Walter Faber, betont sachlicher Ingeniuer, kann sich nicht einer komplizierten, dichterischen, ja romantischen Sprache bedienen. Seine Sprache wird allerdings modifiziert in dem Grade, in dem Faber eine Wandlung durchmacht. Und dennoch bleibt sie knapp, fast skizzenhaft. Gerade die hier angewandte Sprache, die bewußt keine „gehobene Dichtung" ist, stellt doch das künstlerische Mittel dar. Frisch hat gewollt eine Parodie des oberflächlichen, fadenscheinigen und dabei penetrant überheblichen Snobs geschaffen, die die ganze Billigkeit dieses Menschentyps überdeutlich zum Vorschein bringt. Schon daß ein Künstler, dem man aus anderen Werken die Beherrschung einer gehobenen Sprache bescheinigen darf, eine solche Alltagssprache auch beherrscht, spricht für seinen Rang. Es ist eine ganz große Kunst, diese Sprache im Grunde sich gleich bleiben zu lassen bis zum Schluß, ihr keine poetischen Schnörkel aufzupfropfen, und sie dennoch zum Mittel des wirklichen Sprechens werden zu lassen, je mehr Faber ein wirklicher Mensch wird.

Eduard Stäuble kommt zu der Auffassung, daß besser als durch seine eigene Sprache der Typ Faber gar nicht charakterisiert und beschrieben werden könnte. „Dieser aufregende Stil ist nichts anderes als die Maske, die sich der Typ Faber vorgehängt hat, und der Bericht ist eine schrittweise Demaskierung Fabers. Wir erkennen hier, in neuer Variation, eines der Hauptmotive, die bei Frisch von Werk zu Werk mehr oder minder stark wirksam sind: das Motiv der Maske." (a.a.O., S. 192 ff.) Carol Petersen erkennt eine „aufgerauhte, oft bewußt mondän und lässig geführte Sprache", die der Dichtung „eine bestürzende Gegenwärtigkeit, ... selber fast dramatische Wucht" verleiht. „Wunderbar, wie gegen Ende Fabers Lebensunrast, in der die zunehmende Todesnähe aufkeimt, durch den immer knapper werdenden Satz, oft geradezu durch Anakoluthe, charakterisiert wird." (a.a.O., S. 73) Dazu auch bei Bänziger: „Der Bericht wird gegen das Ende immer kurzatmiger. Man kann dabei die eingeschobenen Rückgriffe auf Früheres kaum mehr Rückblenden nennen; es ist eher ein Stocken des Erzählers vor dem Grauen, das in dieses verpfuschte Leben einbricht. In dieser Beziehung ist Frischs Dichtung von einer bisher nicht bekannten Herbheit und Größe." (a.a.O., S. 94)

Demgegenüber eine Kritik: „Allerdings liegen hier auch die normalen Gefährdungen des Werkes: es ist nur ein Schritt von der Verwendung des Ausdrucksdefekts als Charakterisierungsmittel zur pseudo-journalistischen Nachlässigkeit, und nicht immer sind die Grenzen ganz klar zu ziehen." (Gerhard Kaiser, a.a.O., S. 852)

Weitergehend noch bemängelt Friedrich Sieburg in der FAZ vom 26. 10. 1957: „Die große Schwierigkeit des ‚narrateur' ist hier nicht gelöst; die von Frisch geschaffene Figur spricht einmal zu gut und dann wieder zu schlecht, verrät eine Sensibilität, die ihr nicht zukommt ... Solche Kurzschlüsse entstehen, wenn ein Autor im Ich-Ton schreibt und die Geschichte einem Menschen in den Mund legt, der mit dem Dichter keine Berührungspunkte haben darf."

Ich schließe mich vielmehr Rudolf Hartung an, der eine derartige Kritik nicht vollends zurückweist, stattdessen aber folgende positive Wertung in den Vordergrund stellt: „Zu rühmen ist die meisterhafte perspektivische Technik dieses Werkes, die virtuos gehandhabte Rückblendung, die souveräne Verwendung wiederkehrender Motive und der überaus glückliche Einsatz des mythischen Schemas. Mit einer ganz knappen, oft bewußt jargonhaften und ‚tiefgekühlten' Sprache, die in künstlerisch fruchtbarem Kontrast steht zu dem halb verschwiegenen und halb offenbarten zugrunde liegenden Mythos, wird in Homo faber eine Versöhnung von ‚Oberfläche' und ‚Tiefe' erreicht, die jeder, der von diesem heiklen Darstellungsproblem einige Ahnung besitzt, aufs höchste bewundern muß." (Neue Deutsche Hefte, Januar 1958)

IV. Skizze zu „Homo faber" im Unterricht*

Max Frischs „Homo faber" nimmt im Literaturunterricht der Sek. II zurecht seinen angestammten Platz ein. Er ist auch didaktisch bewertet von jener Qualität, die der doppelten Zielsetzung der literarischen Erziehung zuarbeitet: dem „Aufbau einer poetischen kritischen Kompetenz" (H. Ivo in G. Wilkending, Literaturunterricht, S. 170 ff.).

Diese Ziele sind zu berücksichtigen, wenn man sich für oder gegen einen literarischen Gegenstand als „Unterrichtslektüre" entscheidet. Frischs „Homo faber" macht die Entscheidung leicht. Auf der einen Seite ist der Roman keineswegs als die „typische Schullektüre" einzustufen, an die man sich bedenkenlos heranwagt, weil stets und ewig problemlos wiederholbar, eingefahren, risikolos. Auf der anderen Seite lädt der Roman zum Genießen und Verweilen ein – eben zum „freiwilligen" Lesen und Reflektieren über das Gelesene. Seine didaktische Qualität erhält der Roman dadurch, daß er als anspruchsvolles Zeugnis moderner Daseins-Reflexion Erfahrungen über menschliche und gesellschaftliche Befindlichkeiten mitteilt und dabei Fragen an die Existenz des Lesers richtet.

„Homo faber" sollte nicht vor Ende des 10. Schuljahres gelesen werden, eher noch in Leistungskursen höherer Klassen oder in literarischen „workshops", wo und wie auch immer solche von/in Schulen eingerichtet sein mögen.

In welchem Rahmen erscheint die Arbeit an und mit diesem Roman sinnvoll?

---

*) Die unterrichtsbezogene Literatur dieses Kapitels stellen wir an dieser Stelle zusammen:
Gerd Frank/Joachim Stephan. Der Schüler als Leser. Rezeption und Literaturunterricht. Freiburg 1979
Hans Göttler. Das Konzept des handlungs- und produktionsorientierten Literaturunterrichts. In: Pädagogische Welt, Heft 8, (Donauwörth 1989) S. 350-353 (ausführliche Bibliographie)
Hubert Ivo. Allgemeine Lernziele des Literaturunterrichts. In: Gisela Wilkending (Hg.). Literaturunterricht. München 1972
Karl Stocker. Praxis des Literaturunterrichts im Gymnasium. Freiburg 1979

> Überall dort, wo die Problematik des modernen Menschen thematisiert wird;
> Überall auch dort, wo bedeutende Autoren und ihr Werk in einem repräsentativen Ausschnitt Gegenstand einer literarischen Arbeitssequenz im Unterricht sind.

Anders als bei „Andorra" oder „Biedermann und die Brandstifter" bedarf die Arbeit am „Homo faber" keiner Einbettung in einen erkenntnisstützenden (etwa geschichtlichen) Kontext. Bereits die fragende Annäherung an den Text eröffnen alle wesentlichen Einblicke in die thematisierten gesellschaftlichen und individuell-menschlichen Aspekte.

Vom methodisch-organisatorischen Ansatz sollte die Arbeit weitgehend „schülerorientiert" verlaufen. Eine Unterrichtsreihe zum „Homo faber", der ich mich hier nur eindeutend nähern will, könnte sich um drei Fragekreise bewegen:

> Wer ist Walter Faber, und welche Einstellung zum Leben hat er?
> Welche (zufälligen) Begebenheiten greifen in sein Leben ein; wie verändern sie es; welche Erfahrungen macht Walter Faber dabei?
> Wie stellt Max Frisch diesen Prozeß (der Erinnerungen, Reflexionen und Einsichten seines ›Helden‹ strukturell und sprachlich dar?

Kernfragen dieser Art, die von der Lerngruppe selbst formuliert oder an sie herangetragen werden, lassen genügend interpretatorischen Freiraum. Den weitgehend „naiven" Ansichten und Kommentaren sollten Einschätzungen und Wertungen der kritischen Rezeption gegenübergestellt werden (unverzichtbar: Klaus Müller-Salget, Homo faber, Erläuterungen und Dokumente).
Es wird eine Unterrichtsreihe vorgeschlagen, die sich aus 2 – 3 Doppelstunden aufbaut. Dabei ist zu berücksichtigen, daß hier nur ein ungefährer Rahmen angegeben werden kann, da jede Situation „vor Ort" sich anders ausnimmt und eigene Bedingungen impliziert, denen auch konzeptionell anders zu begegnen wäre:

A	Häusliche Lektüre und Vortragen der Leseeindrücke; Fixieren von Leitgedanken / leitenden Fragestellungen.	90'
B	Arbeit an den Fragen; anschauliche und übersichtliche Präsentation von Erkenntnissen, Einsichten, Rückfragen. Diskussion – Objektivierung	90'
C	Zusammenfassung und Integration der Ergebnisse (Ausschöpfung zentraler Zitate aus der kritischen Rezeption [Rezensionen/Forschungsaspekte])	90'

Auf die zahlreichen anderen Formen und Möglichkeiten „produktiver Textverarbeitung", soweit sie für den zugrundeliegenden Roman sinnvoll erscheinen, kann hier nur hingewiesen werden:

- fiktive Tagebuchnotizen (Hanna, Sabeth)
- Schaubilder und Strukturskizzen
- Kurzbiographien (fiktive Ergänzungen zulässig)
- Fortsetzung eines Lebenslaufes: Hanna
- Fabers Erkenntnis: Brief an Hanna
- Monolog Hannas (Frustration/Entlastung)
- Ein glückliches Leben: Hanna-Faber-Sabeth (wie es auch verlaufen sein könnte)
- Text und Musik (Leitmotive, Titelmelodie, Lied für Sabeth und Faber u. a.)

Es mag sein, daß – wie stets, wenn es um anspruchsvolle Texte im Unterricht geht – die Zeit nicht ausreicht, um die angesprochenen Aspekte ausreichend zu vertiefen. Der vielzitierte „Mut zur Lücke" erweist sich in solchen Fällen als Tugend und Gebot der Stunde in der Gewißheit, daß auch das Unausgesprochene, nicht Zuendegedachte weiterwirkt. Damit sind neue <u>Anknüpfungspunkte</u> gegeben und <u>latente Spannungszustände</u> als günstige Voraussetzungen für den weiteren Unterricht. Das wird immer dann besonders deutlich und wirkt als Ergebnis von etwas Erarbeitetem nach, wenn von neuen Texten auf zurückliegende geschlossen wird und der Prozeß des Abklärens sich fortsetzt.

V. Literaturhinweise

Bänziger, Hans: Frisch und Dürrenmatt, Bern und München 1960;
Beckermann, Thomas (Hg.): Über Max Frisch, Frankfurt am Main 1973, darin:
Heissenbüttel, Helmut: Max Frisch oder Die Kunst des Schreibens in dieser Zeit
Franzen, Erich: Über Max Frisch
Liersch, Werner: Wandlung einer Problematik. In: Neue deutsche Literatur 4 (1958) H. 7.
Roisch, Ursula: Max Frischs Auffassung vom Einfluß der Technik auf den Menschen – nachgewiesen am „Homo faber". – In: Weimarer Beiträge 13 (1967)
Bienek, Horst: Werkstattgespräch mit Schriftstellern, München 1962;
Bohrer, Karl Heinz: Max Frisch und wir Leser, in: Frankfurter Allgemeine Zeitung, 14.5.1971;
Enders, Elisabeth: Autorenlexikon der deutschen Gegenwartsliteratur 1945 – 1975, Frankfurt am Main 1975;
Frisch, Max: Tagebuch 1946 – 1949, Frankfurt am Main 1958
Frisch, Max: Homo faber, Ein Bericht, Frankfurt am Main 1958;
Frisch, Max: Mein Name sei Gantenbein, Frankfurt am Main 1964;
Geulen, Hans: Max Frischs „Homo faber". Studien und Interpretationen, Berlin 1965;
Hartung, Rudolf: Eine moderne Tragödie, in: Neue Deutsche Hefte, Januar 1958;
Jurgensen, Manfred: Max Frisch, Die Romane, Bern 1974;
Kaiser, Gerhard: Max Frischs „Homo faber", in: Schweizer Monatshefte 38 (1958/59), S. 841 – 852;
Kaiser, Joachim: Max Frisch und der Roman, Konsequenzen eines Bildersturms, in: Frankfurter Hefte 12 (1957), S. 876–882;
Kaiser, Joachim: Max Frisch, Homo faber, in: Suhrkamp Literatur Zeitung Nr. 5, Mai 1975;
Karasek, Hellmuth: Max Frisch, Velber b. Hannover 1966 (Friedrichs Dramatiker des Welttheaters);
Mayer, Hans: Dürrenmatt und Frisch, Anmerkungen, Pfullingen 1963 (opuscula 4);
Mayer, Hans: Zur deutschen Literatur der Zeit, Zusammenhänge, Schriftsteller, Bücher, Hamburg 1967;
Neue Zürcher Zeitung, 22.7.1975: Am Radio gehört: Schriftsteller aus Notwehr und Spielbetrieb. Ein Gespräch mit Max Frisch;

Petersen, Carol: Max Frisch, Berlin 1966 (Köpfe des XX. Jahrhunderts);

Reich-Ranicki, Marcel: Deutsche Literatur heute, München o. J.

van Rinsum, Annemarie und Wolfgang: Dichtung und Deutung. Eine Geschichte der deutschen Literatur in Beispielen, München 1975;

Satonski, Dimitrij: Homo Max Frisch, in: Kunst und Literatur 14 (1966);

Scheffel, Helmut: Bemerkungen zum Roman, in: Frankfurter Allgemeine Zeitung, 27.6.1962;

Schenker, Walter: Die Sprache Max Frischs, Berlin 1969;

Sieburg, Friedrich: in: Frankfurter Allgemeine Zeitung, 26.10.1957;

Stäuble, Eduard: Max Frisch, Gesamtdarstellung seines Werkes, St. Gallen 1971;

Stäuble, Eduard: Max Frisch, Gedankliche Grundzüge in seinen Werken, Basel 1974

Süddeutsche Zeitung, 19.1.1974: Auszüge aus der Großen Schillerpreis-Rede Max Frischs;

Wintsch-Spiess, Monika: Zum Problem der Identität im Werk Max Frischs, Zürich 1965;

Zimmer, Dieter: Noch einmal anfangen können., Ein Gespräch mit Max Frisch, in: Die Zeit, 22.12.1967.

Literaturnachtrag zur Neuauflage:

Dahms, Erna M.: Zeit und Zeiterlebnis in den Werken Max Frischs. Bedeutung und technische Darstellung. Berlin-New York 1976

Hage, Volker: Max Frisch mit Selbstzeugnissen und Bilddokumenten. Hamburg ^{8}1992

Klotz, Peter: Max Frisch. Homo faber. In: Deutsche Romane von Grimmelshausen bis Walser. Hrsg. von J. Lehmann. Bd. 2. Königstein/Ts. 1982 (S. 377–396)

Knapp, Gerhard P. (Hg.): Max Frisch. Aspekte des Prosawerks. Bern 1978

Müller-Salget, Klaus: Max Frisch. Homo faber. Erläuterungen und Dokumente. Stuttgart 1987 (Reclam 8179 ‹3›)

Steinmetz, Horst: Tagebuch, Drama. Roman. Göttingen 1973

Werner, Markus: Bilder des Endgültigen, Entwürfe des Möglichen. Zum Werk von Max Frisch. Bern 1975